我就是沒辦法不在乎

鈍感世界中，給高敏感族的人際關係指南

TOOLS FOR HELPFUL SOULS

ILSE SAND
伊麗絲．桑德——著　梁若瑜——譯

目錄

序 005
前言 009
第一章——助人的基本技巧 025
第二章——鏡映、同理和暫停 041
第三章——助人者該主動到什麼程度？ 063
第四章——留心受助者的羞愧感 071
第五章——檢視個人守則 081
第六章——安排讓「我」和「你」相見 099
第七章——聚焦在你們兩人身上 117
第八章——如何處理焦慮感？ 131

第九章——「高敏感族」須知 149
第十章——高敏感助人者面對的挑戰 173
後記——這個世界需要樂於助人的人 197
附錄——寫一封道別信 199
致謝 201
參考書目 203

序

本書是一本實用手冊，書中精心挑選了許多簡單的心理治療方法，尤其適合讓人以交談的方式提供情感支持，不論交談的場合是自家廚房裡、登山旅行時、診所裡，或病人床榻前，均可適用。

在和身心失衡的人相處時，高度敏感族比一般大多數人更容易精力透支。這就是為什麼高度敏感族在協助他人時，更應該要一方面盡可能降低自己精力消耗的程度，一方面又盡量增加自己所提供的協助。

如果你是高敏感族，一定能明白周遭「失衡」對你造成的疲憊是什麼感覺。你有兩種方法可解決這種問題：要麼可以自己離開這環境，要麼試著協助改善這環境。選擇改善環境時，你便可使用本書所提供的技巧，讓自己更得心應手。

書中大多技巧也可用在你個人的心靈成長上。如果你捫心自問書中的某些問題，或親自做書中的某些小練習，你將可實質提升並強化你個人的心靈成長。

本書的最終章將讓你瞭解到，如果你是高敏感族，那麼協助他人對你而言，既是非常費力，又會是非常有成就感的一件事，最終章將教你如何能在協助他人的同時，也不忘兼顧自己。

我本身擁有心理治療學位，專長包括數個不同領域。我從自己所使用的許多方法中，精心挑選了其中很容易上手的幾種方法。

有些心理治療的技巧，只適合由專業心理治療師或諮商師使用。但也有一些其他技巧，即使走出了心理治療的場所，使用之後仍可帶來益處，譬如你可用在病人、朋友，或你自己身上。我在本書中想著重的便是後者這類技巧，並將以簡單得幾乎像實用工具書的手法來介紹它們。

這些技巧最主要的用意，是透過交談方式提供最大的協助和情感支持。然而，除了交談，還有很多種其他方式能協助別人。我曾認識一些高敏感族，他們有人邀請年邁父母搬來家裡與自己一起住，有人私下花很多時間照顧或協助生病的人，也有人開車載行動不便的人或充當他們的司機。如果你主要是以實際行動協助別人，並有時因此感到不勝負荷，那麼本書第十章可望帶給你很大的助益，第十章有許多建議，能教你如何在身為一個助人者的同時，又能更妥善照顧到你自己和你本身的需求。

本書刻意以簡單明瞭的文字寫成，並提供了許多案例說明，以便讓任何對心理學有興趣的人都能從中獲益。本書同時又嚴謹地以心理學界所認可的理論為基礎，也以我多年來的心理治療執業經驗為基礎。

本書中所提供的許多案例說明，原本大多是教學時的教材，但其情境和對話在我扮演「助人者」角色時也經常遇到。少數案例是真人真事，在書中則以匿名方式呈現，並已取得當事人同意。

以連貫方式閱讀本書將能獲益較多，但也可以用參考的方式摘讀特定章節。

二〇一四年六月，於丹麥拉丁

前言

這些年來，我特別為高敏感的人開課和演講，也在心理治療執業過程中認識了許多高敏感族。我聽過許多高敏感的人談論他們如何努力補救他們周遭環境，或他們自己生活中的不平衡。我看到他們為了協助改善這環境，願意付出多麼大的心力，付出後若效果不彰時，有多麼挫折，好不容易讓別人或他們自身產生正面變化後，他們又是多麼高興欣喜。

許多高敏感族都表示，他們從年紀很小的時候，就努力想在自己周遭營造出一種和樂融融的氛圍。譬如，如果他們母親心情不好，他們就會設法替她排憂解悶，他們可能會畫張圖送給她，或表現得出奇乖巧懂事。隨著年紀增長，他們漸漸會成為家中其他成員在需要協助時的求助對象，或他們會在別人不知不覺中助人於無形。然而，其他人只會覺得他似乎特別容易疲倦。

有不少高敏感族在成年後，選擇以輔導照顧他人做為人生志業，這顯然非常適合他們，因為他們一直以來都在練習協助別人，因此在這方面練就了絕佳的本領。他們經常成為很受歡迎的照顧者，然而，對他們而言，問題在於他們很容易負荷量超載，因而比大多人更需要暫停休息，因為要是無法暫停休息，他們還沒回到家前就早已筋疲力竭，過大壓力將導致他們健康更容易出狀況。

高敏感族比較容易表現出鮮明反應。換句話說，很容易就能讓一個敏感的人刮目相看。大多人喜歡讓別人對自己刮目相看。發現自己所說或所表達的內容，居然能在別人臉上引發這麼明顯的反應，有時可讓自己心生莫大的滿足感。

某次為一小班高敏感的人講課時，我清楚見識到高敏感族能夠為他人帶來很大的療癒感。趕去上課的途中，我把車子往後倒時，差點撞到別人的車，即使到了課堂上，我仍餘悸猶存渾身發抖。我把這件事說給學員們聽，結果發現我驚魂未定的心情立刻反映在他們每一張敏感的臉上。那當下，我也頓時感到內心的驚嚇一掃而空，彷彿我內心的所有不愉快瞬間煙消雲散了，我只感到如釋重負，且又神采奕奕快樂了起來。

很多高敏感族一點也不知道自己竟可以為別人帶來非常大的助力。他們通常都渴望讓世界變得更美好，但他們往往不太清楚該如何善用自己的這項天賦，因此有時變成以非長久之計的方式協助別人，反而白白浪費了這項天賦。

發洩自己的感受，並看到別人臉上表情反映出這些感受，短期內是很有療癒感的。但如果從頭到尾就只有這樣，那麼未必能帶動任何的改變。也可能發洩情緒的人，反而覺得自己很依賴傾聽的人，於是不再練習如何駕馭自己的情緒，或不再做讓生活改善的必要改變。

不論於公或於私從事助人工作的高敏感族，很容易淪為他人發洩情緒或挫折感的「垃圾桶」。因此很重要的一點是，他們要想辦法照顧自己，並在協助別人的同時，既有著很高的助人效率，又不至於讓自己過勞。

從以下的例子能看到，某人無法忍受某情境，又不願擔起責任或做出改變時，你很有可能淪為此人的「出氣枕頭」。此處的情境是發生在私人生活，但這種機制本身，亦即充當被動的「垃圾桶」，而非協助對方為自己的生活負起責任，卻是一種在心理治療場所也很常見的現象。以下便是案例描述：

瑟希兒的先生漢斯在工作上很不如意。他每天下班回來見到瑟希兒時，通常都心情惡劣。她能體諒他的辛苦，總是日復一日耐心傾聽，卻同時又心生罪惡感，因為她有時很希望他不要回來，不要老是碎碎唸來煩她。

問題在於漢斯不肯尋求他所需的專業協助，也不肯下定決心換別的工作。他之所以還能勉強忍受目前的工作，全是因為他回到家後，能把心中不愉快統統發洩在瑟希兒身上。所以他自己逃避，卻拖瑟希兒當墊背，這樣他就不必正視自己的人生，或下定決心做出改變。

遺憾的是，瑟希兒的例子並非個案。每當我督導或治療高敏感的人時，就會一而再再而三聽到相同的劇情，換湯不換藥而已。我覺得很可惜的是，有好多高敏感的人竟允許自己任人擺布，反而因此助長了負面的模式，卻沒有善用自身的天賦和技能，協助別人創造更多長期性的正面改變。

高敏感族能清楚感受到怎樣的東西能討受助對象的歡心，並通常深深覺得自己要努力提供這種東西給對方。結果對方缺乏責任感時，他們便替對方代勞，而不是淡定旁觀，好讓當事人能學著擔起自己的責任，但讓當事人學會負責才是對人人都好的長遠之道。

高敏感族不該白白浪費自己的天賦，而該在對的地方以對的方式善用天賦，這對整個世界都很重要。

我的願望是，希望透過閱讀這本書，有越來越多高敏感族能更深刻意識到自身的價值，並更懂得如何善用自己的能力，以既對世界有利也對自己有益的方式協助別人。

如何使用本書中的技巧

書中大多技巧所建議的說話方式，有些人可能覺得用這種方式跟彼此說話太侷促僵化了。然而，在臨床心理治療以外的場所使用這種說話方式時，其用意並不是要取代人與人之間的日常親暱對話。假如要我們時時刻刻都那樣跟彼此說話，最後一定會破壞掉日常對話中的靈活互動。

本書的用意是，一般對話不再有效或有意義，甚至會造成反效果時，才是這些技巧派上用場的時刻。這種情況下，書中的技巧或許可用來產生某種轉變。

這些技巧使用時可加減變通。如果對話的情境是發生在專業心理治療場所，使用時可較密集且時間較長久。如果你協助的對象是家人或朋友，或你是從專業角度協助病人，那麼這些技巧在用量上可斟酌減輕。究竟該多輕、多重或到什麼程度，將取決於你所處的情境，以及你所協助的對象在當下所擁有的資源多寡。

書中所提到的某些技巧，本質上就能提供情感支持，譬如：傾聽、鏡映，和贊同或稱讚。這些技巧是人人皆能輕易上手且各種情境皆適用的。

也有些技巧能有助於加快個人成長速度，譬如：檢視個人守則、運用「空椅」技巧、寫信的小練習，或特別注意所有非語言的事。還有一些看似比較中性的建議，譬如請你所協助的對象靜靜坐著幾分鐘，並回顧你們倆剛才的對話，這項小練習有可能釋放出排山倒海而來且一直被忽視的悲傷，或其他受壓抑的情感。請留意時機是否合適。對方是否有足夠的精力從事心理上的調適，對方是否正在換工作、離婚、搬家，或正在經歷其他辛苦的事，如果是的話，或許此刻他們並不適合加快個人成長。

小練習在使用上的注意事項

某些章節內有一些建議別人做小練習的方式。其中一種好方式，是先說說你自己做這小練習時的心得，也可以說說你從中獲得了什麼益處，或其他處於類似情形的人做了這小練習後獲得了什麼益處。要是覺得到頭來無法從中獲得任何好處，沒有誰會想嘗試新東西。

此外，很重要的一點是，助人者和受助者應一起設定一個最終目標，這個最終目標便是他們要共同努力達成的。

比方說，如果你希望你所協助的對象要面對他或她自己的問題，可是對方卻連想都不願去想，那你們之間的溝通可能會出現障礙。

在私下情境時，建議別人做小練習可能會顯得有點怪。我私底下想建議別人時，說法通常會是這樣的：「你說你在工作上遇到難題，讓我聯想到一個小練習，是我在遇到難題並想釐清難題時，自己也常常做的一個小練習。如果你願意試試看，我很樂意教你怎麼做這個小練習。」

如果你覺得建議別人做小練習實在太尷尬了，或協助病人或朋友時，建議做小練習可能會太過度了，那麼你可以自己做小練習就好，這樣的目的在於提升你自己的個人成長和發展。

熟能生巧

就算你已經通過筆試，不見得代表你就能開車上路，同樣地，如果你只讀過本書的技巧，未必代表你懂得如何使用這些技巧。若想熟練地使用這些方法，就要透過不斷練習。我非常建議你先以你自己做為練習對象，這樣你就能越來越熟悉這些方法的運作原理。

也許你能找人和你一起練習。比方說，你可以找兩人或多人組成小團體，類似讀書會的功能，你們不僅可以討論你們所閱讀的內容，也能互相練習書中的一些小練習。這個小團體也可以是個論壇聊天室，你們可以在這裡面分享你們利用書中技巧協助減輕自己周遭不平衡的心得，你們不但可以透過書中小練習加以練習，還能藉此機會協助彼此省思，哪些小練習特別適合你們之中哪些人扮演助人者的角色。這可以成為一種很有意義的相聚方式，你們可透過這機會多談談對你們而言很重要的事。

如果你很認真要當個助人者，你協助別人的能力自然而然會越來越強，長期下來也是如此。同時，你也比較不會把自己的天賦用在不適合的地方，譬如某些地方由對方學會自己處理問題是更合適的。你反而可以把你的技能，專門用在最能促進他們成長的領域，並增進別人生活的快樂和品質，而且也是長期性的。

你在什麼情況下該把某人轉介給專業人士？

如果尋求協助的人正瀕臨崩潰，最重要的就是要判斷他們輕生的風險有多高。瀕臨崩潰的典型症狀如下：難以集中注意力、睡眠習慣有所改變，或飲食習慣有所改變，當事人有可能食欲不振或食量暴增。如果我想判斷某人現在崩潰的情形有多嚴重，我通常會從這三個方向著手問問題。如果對方確實正瀕臨崩潰，我也會判斷是否有自殺的風險。我通常會以類似這樣的問題作開場白：「如果有人和你現在一樣顯然正遇到難關，有時難免會覺得或許一了百了會讓事情容易得多。你是否有時也曾有過這樣的念頭呢？」如果對方證實說他們確實有時會有那樣的想法，我就會繼續問：「你是否有時考慮要結束自己的生命？」接著下一個問題便會是：「假設你想結束自己的生命，你會用什麼方式呢？」

如果某人偶爾有輕生的念頭，或渴望著與死亡相似的平靜感，其實並不危險，也不罕見。關於第二個問題，大多人會回答說，由於考量到自己所愛的親朋好友，他們絕不考慮那種選擇。如果當事人考慮過結束自己的生命，但不曾考慮過結束生命的方式，那麼情況並不那麼危急。然而，萬一當事人已經開始蒐集藥丸，或已經買好繩子，那就該特別注意了。如果你擔心有自殺的風險，而你又不是受過專業訓練的心理治療師或心理諮商師，那麼最好的辦法就是讓當事人尋求專業協助。然而，不論基於何種理由，如果無法讓當事人尋求專業協助，那麼我建議你聯絡自殺防治中心，以取得一定的協助和引導，好讓身為親人或助人者的你，萬一遇到那種情境，至少能知道在當下要如何照顧自己。

如果當事人正瀕臨崩潰，他或她將沒有足夠的精力或資源去接受治療，因此獲得照顧和情感支持，將遠比尋求專業協助更有用得多。如果有輕生的風險，那麼當事人兩者將都會有需要。

其他的轉介原因

如果你想協助的對象本身患有嚴重疾病，譬如邊緣型人格疾患，或精神分裂症，或曾經歷過心理創傷，而你並不是受過專業訓練的心理治療師，或有完整背景或定期追蹤督導的心理諮商師，那麼你最好將當事人轉介給專業人士。不過，當事人在接受心理治療的過程中，你仍可同時提供他們情感上的支持，包括傾聽、鏡映和贊同他們。你可從本書的前兩章進一步瞭解鏡映和贊同或稱讚。

還有其他一些情形，你所能提供的最佳協助就是把當事人轉介給別人。如果你覺得擔任助人者的角色令你感到吃力，你或許可看看是否有其他助人者更擅長提供當事人所需要的協助，然後如果可以的話，協助當事人尋求合適的治療方式。

如果你是高敏感族，因而很容易深受情境的影響，非常重要的是你務必要慎選自己所協助的對象類型。譬如，如果因為你所試圖協助的對象非常憤怒，且經常以突然暴怒的方式表達自己的憤怒，而你敏感的神經系統對此很難招架，導致你很容易因此筋疲力竭，那麼最好的辦法，可能會是把這項任務交給神經較健壯的人，他們比較能在情緒起伏很大的環境裡保持冷靜，反觀高度敏感的人可能會不勝負荷，並和自身失去聯繫。

現在最後一件需要考量的事，是有一種時候，當事人目前所能找到最好的助人者就只有你了，或當事人沒有辦法取得，或沒有勇氣尋求其他形式的協助，而因為你覺得當事人實在非常需要協助，所以你便決定親自攬下這重責大任了。這種時候有技巧在手就很方便了。

就算你不是專業人士，也別害怕協助別人

有些人實在太害怕人際接觸了，因而幾乎不敢問焦慮的人在害怕什麼。他們於是會選擇把當事人送去接受心理治療。這種態度往往意味著太過高估了心理治療師所能做的事，又太過低估了一般人其實有能力做到的事。

遇到一般問題時，譬如悲傷、恐懼、羞愧感、情感相關問題或其他類型的問題時，有時候一般人反而是最佳助人者。相較於專業人士，一般人有許多優勢：

- 他們能夠陪伴當事人的時間，一星期不限於一小時。
- 他們或許認識當事人的家人和其他往來對象，因而能看出其中的某些關聯性，專業人士與病人接觸時間較短，未必能看出這些關聯性。
- 他們能提供如腳部按摩、安撫、觸摸和擁抱等肢體撫慰。
- 他們可能對當事人有很深的愛，而我們都知道，愛是全世上最好的解藥。

● 他們可能擁有豐富的人生歷練，已身經百戰，這比剛畢業的新手心理治療師或心理諮商師所能提供的內容要更強許多。

然而，某些情況下，選擇專業人士仍是更合適的。除了有必要嘗試更有效的方法以外，專業人士所能提供的隱私性和客觀性，有時有其優勢。

在第一章，你將會看到一些專業人士和一般助人者均可使用的技巧。

第一章

助人的基本技巧

也許你感覺到身邊有人心情不好。你很關切，所以決定試著協助他們。你可能是專業助人工作者，也可能對方是你家人或朋友。如果當事人已經說出令他或她心煩的事情是什麼，你可直接跳過下一段內容，因為下一段主要談的是想和別人談心事時，能透過哪些方式開啟對話。

開啟對話最好的方式，是先談談你自己的事，而不是一開始就問對方問題。如果你開口就問：「你好嗎？」當事人可能無法確定你只是客套問問，因而只需回你：「我很好，謝謝。」還是你其實是真的很關心。以下是一些可開啟對話的方式：

- 不曉得你最近過得好不好。
- 我很想知道你最近過得好不好，或有沒有遇到什麼不愉快的事。
- 我發現你最近看起來心情低落、有點擔憂的樣子，不曉得有沒有什麼我幫得上忙的地方。

你向當事人開口的情境也有一定的重要性。如果你喜歡和對方面對面坐在桌子兩側，以便能和對方四目交接，請特別留意並不是每個人都喜歡以這種方式交談。有很多人談心事時，比較喜歡一面同時做其他事情，不然他們會覺得壓力太大了。所以對某些人來說，談心事最好的時機，是開車或洗碗的時候。

一旦對話開啟後，你可以繼續表達關心，鼓勵對方再多講一講，或你可問他們問題。某些問題又比其他問題更好一些。

開放式問題與封閉式問題的比較

問題可分為開放式和封閉式。某個問題有越多種答案的時候，這問題就越開放。

你可以問很具體的事情，好比說「你昨天做了什麼事？」「工作上還好嗎？」「你（年邁的）母親最近還好嗎？」但如果你所試圖協助的對象根本不想談這些事，這類直接的問題有時可能會令對方感到不耐煩。最糟糕的情況是，對方可能最後會覺得自己是在被質問。

但如果你問的問題是「你有沒有什麼事想跟我聊的？」你便是在允許當事人得以自己選擇談話的主題，接著你可鼓勵對方繼續談，譬如你可以說：「再多聊聊這件事吧。」這個話題談了一陣子後，你可能不知道對方還想不想繼續談下去，這時你可以問：「你還有什麼其他想要說的嗎？」這個問題可重複好幾次。

詢問具體事項

從一般性的角度談論事情時，我們很容易形成很大的距離感，以致於我們對這些事變得疏離不親暱。令我們印象最深刻的對話，總是曾深深觸動我們情感的對話，而若想觸動心弦，我們就必須深入挖掘一些特定的經歷。

如果你協助的對象告訴你，譬如說，他或她很不希望自己那麼沒耐心，那麼請對方描述在哪些特定情況下，缺乏耐心對自己造成了困擾，或許會是個不錯的主意。我們談論自己的經驗時，會一併感受到與這些經驗相關的情緒。談論事情時談得越具體，就越能夠讓助人者的回應，反映出當事人所要表達的狀態。

如果少了具體例子做說明，助人者可能會想像成是所協助的對象，在超市賣場排隊等結帳時等得很不耐煩，因而很容易和其他顧客起衝突。然而，如果請當事人舉出具體例子，她便得以給你一個更深入的回答，譬如她可能會告訴你，十五年來她都在等待老公改變做事的方式，他也老是說他會改，她因此漸漸變得很容易失去耐心。這類資訊可能會讓事情看起來截然不同了。

將重點放在心願和內在資源上

很多人未能意識到自己內心最深的心願和渴望是什麼，結果終其一生跌跌撞撞，彷彿缺乏特定的目標或方向。身為助人者，我們往往只把焦點放在眼前所見的難題上。在日常生活中遭遇難題時，我們很習慣要辨識出難題所在，並解決該難題。然而，人類是非常複雜的，導致不快樂的原因，很少只有一個而已。一旦開始把焦點放在難題上，我們很容易會在難題中迷失了方向。

把焦點放在一個人的心願上，會比關注難題好很多，因為如果你不知道對方在人生中的渴望為何，你很可能會以錯誤的方式協助他們。他們的心願應是你在協助他們時的最高準則。有個特殊的小練習，我總會請所協助的對象做。我會這麼告訴他們：「請想像一個具體且對你而言很理想的狀態，這個狀態要能讓你處在其中時既快樂又滿足。」

如果你是高敏感族，那麼你應該很擅長具體想像出自己的心願和渴望，因此請務必要注意到一個事實，就是做到這件事，對別人而言可能很困難，甚至幾乎不可能。如果你所協助的對象覺得具體想像很吃力，你可以試著善用你自己的同理能力和想像力，舉以下一些情境做為例子。

請想像：

- 妳老公告訴妳說，能夠和妳結為夫妻，他覺得很感恩。
- 你在合唱團裡唱歌。
- 能有一天從早到晚的時間都是你自己的。
- 你老闆告訴你說，你表現得非常棒。
- 你媽媽溫柔關愛地輕輕摸你的頭髮。
- 你帶著露營器具騎自行車去野外。
- 妳姊妹問起妳最近對什麼事感興趣。

請針對你所協助的對象目前所處的情境，運用你的想像力來提出各式各樣的建議。如果你所協助的對象回答說，你其中某項或多項建議能讓他或她感到快樂且滿足，那麼你們倆便能知道他或她所渴望的是什麼了。

要是這項小練習行不通，你所協助的對象仍舊不知道他或她想要的是什麼，那麼羨慕的感覺或許可幫得上忙。譬如可以請他或她回想某些曾讓他或她心生羨慕的情境，那麼或許能幫助他或她發覺自己真正渴望的是什麼。

把焦點放在心願上，能將憤怒轉化為悲傷

如果你想協助的對象很憤怒，那麼有個或許不錯的方法是，你可請對方不是談他或她覺得別人或自己應該要怎麼做才對，而是談談他或她原本理想中的情形是如何。把焦點放在未能如願的心願上時，我們容易變得悲傷惆悵。你可以藉由假設來協助當事人走出來，譬如，「我能理解為什麼你現在心情惡劣。你想必很希望：

- 妳前男友能為這段感情多努力一下，而不是就這樣離開妳。

- 自己能保住工作。
- 你父親仍安好健在。
- 你老闆能更懂得賞識你為工作的付出。

……或任何令當事人感到憤怒的事。如果當事人的回應方式漸漸從憤怒轉為悲傷，你正好可以順勢而為，問問他或她原本希望自己現在的生活是什麼模樣。

我們有些人以為把別人惹哭是不好的事。但大多人其實比實際上更需要好好哭一哭。如果你所協助的對象最後哭了，那麼你八成幫了他們一個很大的忙。一個人憤怒時，很可能會變得憤世嫉俗又怨天尤人，要是人被困在這類情緒裡，很可能在生活中變成行屍走肉。但悲傷就不一樣了。悲傷是一種過程，它充滿了生命力，高敏感的助人者在提供協助時也能輕鬆許多。

如果你所協助的對象在和你相談後，變得比較能意識到自己在人生中的心願是什麼，那麼這就是一次彌足珍貴的經驗。可能有各式各樣的難題，妨礙了他或她追尋自己的目標，談論的時候也談談那些事並沒有什麼不對。然而，要是花了太多時間聚焦在難題上，有可能你所協助的對象會越來越難維持一顆建設性的心，並失去活力。出現這種情形時，就該是把焦點從難題轉移到內在資源上的時候了。

別只問有關難題的事，也要問問有關心願和內在資源的事

以下是一些聚焦於難題的問題：

- 是什麼事導致你無法心情變好？
- 為什麼你目前仍無法做到你想要做的事？
- 是什麼原因使你心情不好？

這些問題所關注的事情是錯誤的。以下問題所聚焦的是內在資源：

- 你打算怎麼辦？
- 你以前是怎麼熬過那段辛苦日子的？
- 你當時有什麼樣的內在資源？
- 你過去人生中是否有過這難題不存在的時候？
- 你在什麼情況下覺得自己處在最佳狀態？那種狀態有什麼特殊之處能讓你感覺這麼好？你能多讓自己處在那種狀態嗎？
- 是什麼原因讓你沒淪為罪犯、毒犯或街友？
- 你祖母最喜歡你哪一點？
- 把多年來別人對你說過的稱讚統統一一寫下來。
- 把你曾克服過的挑戰和曾解決過的難題統統一一寫下來。

我開始問以上一些問題時，有些人一開始會談起曾經協助過他們的人，有可能是學校的某位好老師，或慈祥關愛的祖母。儘管他們把事情處理得很好，他們通常不太敢居功。有時候，我發現必須等我問了好幾次以後，他們才開始正視自己的勇敢舉止、毅力、創意、內在豐富資源，和耐力。

不再一直追問與難題相關的事情，也有助於暫時先和難題拉開一點點距離。如果你所協助的對象太過執著於該難題，執著到一談起難題就忍不住激動起來，那麼這種做法尤其有幫助。你可以藉由提出下列問題，協助他們和難題拉開一點距離：

「請想像現在是半年後的未來。現在是夏天，你一如往常在海邊沙灘上漫步，漫步的同時，你覺得你會怎麼回顧現在所糾葛你的難題呢？」

或者是：

「請想像你已經替難題找到了解決之道。屆時你會去做什麼你現在因為這個難題的緣故而不會去做的事呢？」

最後一個問題的答案可能會是實際的行動，這些行動是你所協助的對象現在就能立即著手進行的，也可以協助他們就此展開正面的改變。

詢問有關難題的事並沒有什麼不對，而且需要協助的對象，往往自己就會談起和難題有關的事。身為助人者，很重要的一點是，同時也要記得談談對方的內在資源，談談能為對方帶來活力和好心情的事。如果你所協助的對象很沮喪憂鬱，或對方是高敏感的人，那麼這一點尤其重要，因為很有可能他或她忘記要把焦點放在自己身上的這些事情上了。

總結

你和某個你想協助的對象展開對話時，最好先從開放式問題問起，好讓對方覺得他或她能全然自由地談論對他或她而言最重要的事。

如果他們的回答，乍聽之下很一般性或很抽象，你可以試著請他們舉個具體例子。這麼一來，你們談論這話題時，各自心中所浮現的畫面將能夠更相近。此外，這樣也有助於讓你傾聽的對象更貼近他或她自己。

談心事的時候，最後很容易演變成繞著難題打轉。很多人就像擦傷了膝蓋的孩子，他們往往只會注意到自身正在經歷的痛苦，而很難去想別的事情。如果能讓他們的關注焦點從難題移轉到內在資源，你便能緩和他們的情緒，為他們的死胡同帶來洞見，以這種方式來讓對話告一段落是相當好的，這樣你所試圖協助的對象就能重振士氣。

多去探索個人的心願和內在資源，將可培養出一個新的且更完整的個人自我形象。在下一章當中，不論對方談的內容是關於難題還是內在資源，我將介紹好幾種見招拆招的方式。

第二章

鏡映、同理和暫停

在這個章節，我所將介紹的開啟對話方式，比我們一般所習慣的都要更制式得多。顯然乍看會讓人覺得很僵化，起初依照範例一個指令一個動作時，也會顯得生硬。但多加練習後，你會發現你使用起來就能比一開始時更自在且自然。

如果你所協助的是家人或朋友，那麼使用範例時，程度上應該要比，好比說，你以心理治療師的身分從事治療時來得輕。從事治療時，你可在整個治療過程中密集使用範例。如果是在心理治療以外的場合使用，也許你該縮短使用範例的時間，每次僅僅幾分鐘就好。只要能讓你感到自在自然就好。只要多加練習，你就能練就出自己的一套風格。

有限的資訊和沉默

如果你希望顧及深度，那麼放慢速度很重要。一次只做一件事吧。重點不是完成越多事情越好，而是要深度地探討事情。

別急，慢慢來，記得要暫停或休息。別任由你所協助的對象滔滔不絕講個沒完，而使你負荷量超載，不然你恐怕無法好好協助對方。如果可以的話，你可列出一份你自己的放慢對話步調佳句。以下是一些我本身所使用的句子：

- 讓我們一起靜靜坐一會兒，回想一下你剛才所說的話吧。
- 現在這樣有點快喔。我們試著放慢速度看看吧，我才比較能跟得上你。我們先一起靜靜坐一會兒吧。
- 稍等一下！我需要靜靜坐著一會兒，消化一下你剛才所說的內容。
- 聽得出你有很多事想告訴我。但我們最好先把某個特定主題徹底談完，再聊其他主題。所以你靜靜坐一會兒，想想打算把焦點放在什麼主題上吧。

如果你覺得打斷對方說話很困難，因為你怕自己顯得不禮貌，那麼或許可以一開始就先詢問對方。譬如你可以說：「為了能協助你，我有時候會需要暫時打斷你說話，好讓我們休息一下。這樣可以嗎？」

你也可以把自己因為不得不打斷對方說話而感到不好意思的想法坦然說出來，譬如你可以說：「如果你說話不時被我打斷，覺得不太高興，我很抱歉，但我需要暫停休息一下，才能夠更專心傾聽你說話。」

一起靜靜坐著

交談後，對方經常告訴我，最有效的部分，是我們一起靜靜坐著的那兩分鐘。這就是為什麼我經常中斷對話，請對方沉默一會兒。這種暫停能讓對話更有深度，對受助者或助人者雙方都是非常珍貴的。

或許你覺得保持沉默，是你所協助的對象自己私下就能練習的事，而且他們跟你在一起時，最重要的就是讓對方盡量表達自己。但與別人一起沉默，和自己一個人沉默，兩者是完全不一樣的。如果你們一起靜靜坐著，並不時互相凝視彼此雙眼，有可能產生非常大的影響。

如果要高敏感族長時間靜下來，他們一點困難也沒有，甚至他們本身就需要這種平心靜氣的時光，以便好好消化他們所反映的許多感受。如果你所協助的對象是比較好動又外向的人，也許一開始的沉默暫停非常短暫會比較好，因為和某人坐在一起又不說話，可能會讓習慣滔滔不絕的人感到非常緊繃又不自在。

如果你身為助人者，唯一做到的只有營造出一個沉默的喘息空間，讓你所協助的對象得以不趕時間、放慢自己的步調，那麼這件事本身，就可能已經比當事人平常習慣做的事對他或她更有幫助許多了。

鏡映

鏡映是個很簡單的方法，卻可以產生很深的影響。它的眾多好處之一，是可以讓我們平常的說話步調放慢下來，讓聽者和說者雙方都得以漸漸跟上。鏡映的練習方法就是複述你所聽到的內容。以下舉例做說明：

安妮：上個星期五，我去我爸媽家，發現我爸坐在沙發上，看起來又累又憂愁。我過去擁抱了他，但他彷彿整副心思在遙遠的別處。

助人者：妳剛告訴我說妳上個星期五回家，發現妳爸坐在沙發上，看起來又累又憂愁。妳給了他一個擁抱，但他彷彿整副心思在遙遠的別處。

安妮：對，後來我進到廚房，問我媽是否一切都還好。她把頭別過去，我起初很生氣，後來才發現她在掉眼淚。

助人者：妳進到廚房，想問問妳媽。她把頭別過去，妳生氣了，後來才發現她在掉眼淚。

安妮：對，然後我忽然覺得很心疼我媽，於是想給她個擁抱，她卻向後退，說：「妳爸病了，哭也沒用，哭也沒用啦！什麼都沒用了，我只能想辦法熬過去了。」

助人者：妳忽然覺得很心疼妳媽，於是想給她個擁抱，她卻向後退，並說妳父親病了，她說哭也沒用，還說她只能想辦法熬過去了。

鏡映之後，你可以加以確認，問對方：「最重要的事情我都記對了嗎，還是有遺漏了什麼嗎？」

這聽起來很簡單，但其實不容易，且需要勤加練習。大多人通常會出狀況的地方，是說話的人一口氣講了太多話，傾聽者來不及鏡映對方，因而無法完完全全精準記住對方說了些什麼。

身為傾聽者，你必須打斷源源不絕而來的資訊，以便將這一大批資訊細分成小等分，你才能記得住並準確地加以鏡映。並不需要一字不漏地照原樣複述。事實上，你可以省略語助詞，讓句子變得更簡潔，只要最關鍵的一些字詞有複述到即可。

身為傾聽者，你在鏡映時可能有時會想要發揮創意，結果改用一些你覺得一樣有效率或甚至更有效率的字眼。然而，鏡映時很重要的一點是，就算你覺得自己像個沒創意的鸚鵡，也還是要使用一模一樣的字眼。因為每當你加入新的字眼，無異是在做出你自己的詮釋，而這詮釋所著重的對象就比較是你了，而不再是你所傾聽的人。如果選擇的是和對方一模一樣的字眼，你便是以見證者的角色，讓對方得以循著自己的思路前進，而不必受你的想法或觀點所打擾。

這便是為什麼最好能盡可能精準地鏡映對方所說的內容。就算這麼做長時間下來感覺有點無聊也一樣。這項技巧的用意，絕對不是要你長時間單獨使用它而已。但在你練習使用它的這段時間裡，你還是要盡可能精準比較好。一旦你已充分練習了這個方法，且完全駕輕就熟後，你就可以把它和其他回應方式交替使用。你也可以在一般日常對話中使用這項技巧，譬如聽到某件你覺得特別重要的事，或覺得有必要放慢步調的時候。

鏡映看似沒什麼大不了的，但它非常非常重要。你複述的是幾乎一模一樣的字句，但卻是用**你的**音調來複述，你複述對方的字句時，對方會想凝視你的目光，看看你對這些字句有什麼看法，看看你是否覺得這些字句是有道理的。如果你鏡映給他們的，是一種尊重和理解的態度，對方在這個主題上就會對自己感到比較自在。他們對自己感到越自在，就能變得越強健，進而很有可能自己就能想出自己難題的解決之道。

如果你所協助的對象有鑽牛角尖的傾向，那麼這項技巧尤其適用。可能是因為對方之前並不覺得自己所說的話有被任何人聽見。你鏡映他們的抱怨時，等於是在清楚告訴他們，**你**確實聽到了，你聽到了一些事情，這樣他們或許就會停止將相同的內容一直自己對自己碎碎唸，因而獲得了轉圜的契機。

等練習夠了以後，你可以把鏡映法換成另一種比較簡易的版本，亦即你只複述單一一個有意義的字詞，或單一一個句子。

如果你已經鏡映了很長一段時間，那麼你可以藉由一個富同理心的結語做收尾，然後提議休息一下，好讓你們雙方都能靜靜坐著，反芻一下剛才說過和鏡映過的內容。

同理心

當我們試圖體會別人的感受，並告訴對方我們認為他或她此刻的心情為何的時候，所使用的便是同理心。我們在表達同理心時，可能說出類似這樣的話：「此時此刻的你應該很為難。」我們透過猜測，試圖想像對方的處境。就算我們有時可能猜測錯誤了，別人通常還是很感謝我們用心想瞭解他們的處境，也會趁這個機會多談談關於他們自己的事。此處的基本句法是：「應該……」

以下是一些例子：

蘇西：我正在規劃一趟旅遊。

助人者：應該很好玩。

蘇西：也許該說是刺激多過好玩，也許太刺激了點，害我很緊張。我並不怎麼喜歡搭飛機。

或者是：

漢斯：我婚姻恐怕維持不下去了。

助人者：應該很辛苦。

漢斯：是呀（紅了眼眶）！

我們不但可以練習猜測別人的感受，我們也能練習提供情緒上的共鳴。關於同理心，最重要的不是你的遣詞用字，而是你的表情和聲調。你的說話聲音和臉部表情，其實可以和對方的情緒或心情產生更大許多的共振效果，對方能感受到你是真正站在他們的觀點來看事情，因此你是真的參與了他們此刻的感受或心情。表達同理心的方式，甚至可以不用到文字言語，而是只發出一聲關懷的聲音。

如果在上一個例子中，漢斯回答說：「其實也沒那麼慘啦！」他之所以對助人者的看法似乎不太領情，原因可能有兩種。一種可能是鏡映的內容著重的比較是鏡映者，而不是漢斯。另一種可能是助人者非常敏感，因此偵測到了某種情緒所透露出的跡象，然而漢斯尚未察覺到這個情緒，或不願意承認。

有些人試圖逃避別人對他們所表達的同理心，因為他們並不希望太靠近自己當下的感受。富同理心的言語可能會是壓垮駱駝的最後一根稻草，他們怕因此淚水決堤。如果正好在超市裡排隊等結帳，當事人可能並不希望自己此時淚水決堤。這就是為什麼你最好要選在合適的時機場合，對某人表達富同理心的言語。請確認四周沒有旁人，而且要確定假使他們忽然淚水決堤，你有足夠的時間可以安撫他們。

表達同理心時，你是在表達你有意願要瞭解你所協助的對象，這在你著手建立有效溝通管道時尤其重要，因為這能培養出一種安全感和合作的意願。

難以產生同理心的時候

很多敏感的人天生就很擅長懷著同理心傾聽別人，但對某些人來說，某些情況下這仍是有困難的。如果你難以體會別人的感受，難以和他們的頻率產生共鳴，原因可能好幾種：

- 你缺乏練習。
- 你對和當事人相處或對當下的情境不夠自在，因而無法清楚察覺自己的感受，或辨識自己的情緒。
- 關於對方所告訴你的感受或情緒，你欠缺相關親身體驗。
- 如果對方所表達的感受，是會令你感到不自在的感受，那麼你便無法懷著同理心去鏡映對方。或許他們所說的內容，令你回想起你自己曾有過卻已遺忘或壓抑的不愉快經驗。要是這些經驗未曾受到妥善處理，你就不會想要傾聽對方。

不論可能的原因為何，請放心，總有改善的辦法。

贊同與理解

如果你所協助的對象說出了一件有關他們自己的事，而且是他們之前不曾告訴過任何人的事，那麼請務必要讓他們知道，不論他們說了什麼，你都覺得很合理。

以下是一些你可表達贊同與理解的句子：

「聽到你說你很多年沒和你父親聯絡了，我能理解為什麼接到他電話時，你會這麼激動了。你告訴他說你需要消化一下這意料之外的事，而且你會等自己準備好了以後再回電話給他，我覺得你這樣做得很好。」

或者是：

「我很難真正體會你此時此刻的感受，因為我向來和我父母感情很融洽。但你反應這麼強烈是很合理的，畢竟你很多年沒見到他了。」

結合多種不同技巧

上述的多種技巧能以各種不同方式結合使用。一旦你熟練了各種技巧的使用方式，你就擁有了足夠的素材能進一步實驗結合搭配。

以下舉例說明：

顏斯：我女兒在閱讀上有障礙，最近她的國文老師建議我讓她去上閱讀障礙特別班，這個班為期六週，只上國文一門課。這讓我很擔心，因為她其他科目的進度恐怕就會落後了。我也擔心這會不會是我的問題……

助人者：等一下，我只是想確認我沒有誤解你。你說你女兒在閱讀上有障礙，她的國文老師建議讓她去上一個為期六週的特別班。你擔心她其他科目進度恐怕會落後。然後你原本說到一半的事情是（劃分資訊和鏡映）？

顏斯：我很擔心也很難過，我怕可能是因為我沒花足夠的時間陪她學如何閱讀。我不知道其他家長都花多少時間陪孩子閱讀，我在想說不定我陪她的時間不夠多。

助人者：你很擔心，也很難過，害怕可能是因為你沒有花足夠的時間陪她（鏡映）。

顏斯：對，因為我認為應該要把最好的給我女兒，我知道這一點我不見得都有做到。

助人者：你認為應該要把最好的給你女兒，你知道這一點你不見得都有做到（鏡映）。你應該很難過（同理心）。

顏斯：是呀（紅了眼眶）！

助人者：我覺得你女兒很幸運，因為她爸爸真的很擔心她的情況好不好，而且認為應該要把最好的給她（稱讚）。

顏斯：（微笑）。

助人者：我們一起靜靜坐一會兒如何？

對大多人而言，能夠獲得別人整整兩分鐘的專注關懷，是極為難得的機會。對某些人來說，感覺可能會像沉浸在愛裡面，可說是非常滋潤靈魂的一件事。

上述對話有可能是一長串鏡映對話的一部分，也有可能傾聽者在一般談心事的對話中，忽然說：「你現在說的事似乎很重要，讓我複述一遍吧。」這時以上的鏡映對話就能派上用場，之後可照平常方式繼續交談。對話的各種不同部分，譬如傾聽、鏡映、展現同理心、贊同和靜靜坐在一起，可以依不同先後順序使用，如果某些回答說出來顯得不自然，那麼你也可選擇跳過這些回答。如果你所協助的對象特別亢奮，那麼或許可以考慮一開始就先一起靜靜坐一會兒……或許對方需要等聽到一句富同理心的話後，才會敞開心扉，談比較傷痛的事。

知覺和贊同別人的意義

在一個能透過情感共鳴而獲得對方接納的氛圍裡，說出我們自己的故事，可以對個人成長帶來極大的助益。在感受上可能會讓人覺得自己的情感經驗獲得了肯定，甚至是自己本身的存在獲得了肯定。

有時候，我們得非常專注於某種特定的行為改變，我們認為那樣對我們所協助的對象是有益的。然而，從贊同既有的狀態開始，永遠是好事一樁。如果希望某人鼓起勇氣改變自身的處境，他們還必須能夠先站穩腳步才行。你必須先瞭解你自己，和瞭解到你本身這樣就已經很棒了，最重要的是自己必須先這樣看待自己，如果別人也能這樣看待你，當然更好。如果我們覺得自己受到別人所愛，我們就更有勇氣去實驗和學習新事物。

如果你希望協助別人成長，你就必須對他們展現同理心，必須贊同並鏡映他們。如果你對當事人說，譬如他們最好要更外向一點，那麼將會造成反效果；當事人會覺得自己既有的模樣不被別人所愛，於是會變得難過、僵化，甚至變得更內向了。這叫做「改變的悖論」。我們在壓力下是不會改變的；壓力只會令我們缺乏安全感，而我們缺乏安全感時，很容易露出自己最糟的一面。我們可能會變得多疑、僵化，且不願意放下自己的控制欲，會執著於舊習慣、自我形象和許多其他事物。一如分析心理學之父榮格所說的：「除非你接受了既有的狀態，不然什麼也不會改變。」（榮格，1948）哲學家齊克果也強調，很重要的是必須先瞭解一個人現有的處境，然後才能試著協助他們在生活中做出改變（齊克果，1998，p.45）。

這就是為什麼贊同、鏡映和同理心是很重要且必要的基本技巧了。

你開始練習這些方法後，將會發現你無法像之前一樣專心地關注現有的情境。額外做這件事是很耗費精神的，只要你的這些技巧還不熟練，你就會比平常更快就覺得累了。但等你漸漸上手以後，你在對話時會更有自信，成效也會因此更好。

步調放慢、有結構且不時暫停休息的對話，對高敏感族而言尤其有助益，不但能避免負荷量超載，還能讓人得以跟得上對話內容。

總結

對話中的暫停休息是彌足珍貴的。暫停能帶來洞見和喘息空間，能帶來你覺知自己和消化剛才談話內容時所需要的深度和平靜。我們並不習慣在交談時暫停休息。往往各自都還來不及把話說完，大家就互相打斷彼此說話。也可能我們一面聆聽，一面想著自己接下來要說什麼，以致於交談結束時，各自都感到深深挫折，因為各自都覺得別人沒有真正聽到自己在說什麼，或沒有認真對待自己。就算這類安靜的暫停似乎很無聊，它確實能為對話賦予一定的品質。

另一種能確保你所傾聽的對象能感到自己受到專注傾聽的方法是鏡映。這個方法很簡單但並不容易。需要勤加練習才能在使用上變得熟練。如果你投入很多時間把它練得很純熟，每當需要讓對話放慢速度，或希望讓你所傾聽的對象感到自己受到專注傾聽時，你就能輕鬆讓它派上用場。

同理心是很多情境中經常缺乏的一種東西，因為我們如今太注重效率了。很多人很渴望同理心，卻很少能實際感受到同理心。你展現出同理心時，對方便是獲得了一份禮物，這或許可以讓對方認識一個全新的自己，並給予他或她活下去並真實做自己的勇氣。

有些人似乎以為，助人者越主動，對於他或她所協助的對象就越有助益。事實上，情況恰恰相反：助人者說得越少、做得越少，他或她的協助就越有效。下一章將進一步談這件事。

第三章

助人者該主動到什麼程度？

請想像一條直線，直線一頭是主動端，一頭是被動端。你處在主動端時，會很積極問問題、對你所聽到的內容提出可能的詮釋方式或提供建議。你處在被動端時，你可能不特別做什麼，只靜靜陪伴而已。

以下的兩段對話，第一段的助人者非常主動，第二段的則非常被動。

主動助人者的例子：

歐拉：我剛被解雇了，要是找不到別的工作，我再過幾個月就只好把我們房子賣掉，都五十六歲了，找工作並不容易呀！

助人者：你有什麼打算呢？

歐拉：我也不知道。

助人者：在報紙上刊登應徵啟事如何？

歐拉：也許可以吧，不過……

助人者：你也可以上求職網站LinkdIn開個帳號。

歐拉：是沒錯，但我不太會用網路。

助人者：這樣吧，我想到了一個辦法。你知道彼得吧？就是我們都認識的那個彼得……

被動助人者的例子：

歐拉：我剛被解雇了，要是找不到別的工作，我再過幾個月就只好把我們房子賣掉，都五十六歲了，找工作並不容易呀！

助人者：這確實是個問題。

歐拉：我還沒告訴我太太。

助人者：噢（溫暖而關懷的音調）。

歐拉：我不知道該如何啟齒。

助人者：不會吧。

歐拉：我不知道該怎麼辦。
助人者：但願我能告訴你就好了。
歐拉：我當然可以買份報紙，看一看求職欄。
助人者：對。
歐拉：但我最好先回家，把這事告訴愛麗絲。
助人者：對。

請特別注意到，這位被動助人者即使和當事人面對面交談，仍能表現得非常被動。他絲毫沒有企圖讓自己顯得更聰明或是懂得更多。扮演主動角色時，我們往往表現得像個站在高處從上往下看的人，因此暗示著：「我現在要來幫你解決問題。」

協助別人時有兩種很不一樣的方式，沒有哪種一定是對的。如果你所協助的對象有些沮喪憂鬱，或比較不那麼聰穎，你就需要比較主動些，倘若你所協助的對象活力和資源充沛，且擅長舉一反三，那麼你最好被動些。

大多人喜歡處在主動端，於是往往容易主動過了頭。男人又比女人略常出現這種情形。我進行婚姻治療時，有時候顯然先生表現得非常主動，急著想替困境找出解決辦法，然而太太其實只希望先生懷著同理心傾聽而已。不過，有時候女人也想要採取有效率的行動，而不想只和她們所協助的對象一起坐著而已。

助人者之所以想採取行動，可能因為他們充滿熱忱，原因也可能是他們想要扮演一個優越者的角色。當你態度主動，提問題並給建議時，你可能會覺得自己很聰明、很有幫助，比對方更有能力，畢竟你是在幫忙。但話說得太多時，很容易就會破壞助人者和受助者之間此刻的互動。眼神和其他非語言訊息，遠比言語來得重要。

高敏感族通常很擅長扮演被動角色。根據美國研究學者依蓮．艾倫（Elaine Aron）所做的一項問卷研究（她在二〇一四年三月十八日的一份電子報中曾談到這項研究），高敏感族比大多人，譬如說，更願意去握一位垂死之人的手，這種情境中很難去使用什麼主動的技巧。問能指點迷津的問題或建議對方可行的做法，這些技巧在這種情境中均無用武之地。

如果你有時候仍會變得太主動或太急躁，有可能是因為你很不忍心見到對方受苦，或因為你覺得這麼被動好像沒有怎麼協助到對方。但互相接觸、和對方面對面相見，往往本身就比提供妙招更有助益得多。

某些被動的方式，有可能對你和對你所協助的對象雙方都不利。如果身為助人者的你，任由自己被對方的言語給淹沒，以致於你迷失了自己，那麼這樣不但對你所協助的對象不利，也對你本身不利。所以有某個領域是你永遠必須保持主動的，而那牽涉到要妥善掌控對話的步調，和確保要不時暫停休息，以便讓你們雙方都能跟得上正在談論的內容，也能確保對話是有深度的。

如果你所協助的對象很擅長舉一反三，那麼有時候光是傾聽和專注地陪伴即已足夠了。對方將會很享受說話的感覺，並透過你的專注感受到你的接納，因此能獲得欲改變他或她心理或環境所需要的能量。

做一個如上述例子中的被動助人者，可能聽起來很簡單又輕鬆，但其實不然。大多人能透過說話獲得能量，而長時間傾聽則會流失能量。懷著同理心傾聽並協助消化痛苦的事物，從深層的角度來看，其實比保持主動和給予建議更消耗能量。如果你很擅長懷著同理心傾聽，那麼你的一大任務就是要妥善管理你的時間，以免自己精力被耗盡了。

高敏感族往往更願意按捺自己，更願意去體會對方此刻的感受，並提供富同理心的共鳴，在協助別人時，這些統統是彌足珍貴的。如果你厭倦了傾聽和吸收，你可以改變做法，可以變得更積極或暫停休息。別任由別人濫用你傾聽他們和吸收他們感受的天賦，不然你最後可能會淪為一把枴杖，而非有建設性的助人者。你所協助的對象也必須要有意願去盡力改變自己的處境才行。

總結

如果身為助人者的你，有能力呼應對方的情緒感受，你用很少的字語便能肯定對方的情緒經驗，有時甚至是肯定他們的整個存在，因而能給予他們一種深深被接納的感覺，讓他們被賦予了極豐沛的生命力。要是助人者一心想著要解決對方的難題、太忙著構思妙招好計，上述的過程便很容易遭到破壞。不過，如果既能扮演被動角色又能扮演主動角色，通常都會是好事一樁。

如果你所協助的對象想不出很多辦法，或身為助人者的你，精力越來越不足，那麼有時候採取相對主動的立場也是不錯的。

助人者該主動到什麼程度，也有可能取決於對話當下的話題。如果浮現出羞愧的感受，就有必要把步調再放得更慢並細細檢視了，這將在下一章探討。

第四章

留心受助者的羞愧感

羞愧感來自於未被看見，也可能來自於受到不當對待。大多人都對於自己本身或過去的某件事或許多事感到羞愧，我們通常會設法隱瞞我們所感到羞愧的事情。這會構成問題，因為滿載著羞愧感的回憶，需要先被攤在陽光下，才能充分加以處理，好讓它力量漸漸消退。

到了這個階段，處理時務必要非常謹慎。如果我所協助的對象告訴我，有件事令她無法啟齒，那麼我會放慢步調，肯定她的勇氣，肯定她願意讓我知道有件事是她難以和人分享的。我會鼓勵她慢慢來，如果哪時候覺得時機適合和我談這件事了再和我談。同時我會說一些話，表達我瞭解羞愧的感覺有時令人很痛苦，如果能把感受坦然說出來，就能加以處理改善。

有些人認為自己的秘密實在太令人羞愧了，似乎他們幾乎永遠不可能讓秘密攤在陽光下。接下來將描述幾個強烈羞愧感的例子。

例子一

漢妮曾經瘋狂愛上她的男性上司。暗戀了好幾個月後，她終於寄了一封電子郵件向他告白。她隨即收到一封他寄來的簡短明瞭拒絕信，不久就在公司裡被降到一個較低的職位。她從來沒把這件事告訴過任何人。她努力想忘掉這段回憶，但每當這件事浮現腦海，她就羞愧得不能自已，光是回想起就令她恨不得自己能從地表消失不見。

例子二

顏斯每每參加社交場合時，口袋裡都會隨身攜帶一個扁平小酒壺。活動開始前，他一定猛灌幾口。這樣他比較能應付社交上的挑戰。他從青少年時期開始就以這種方式使用酒精了。這件事誰也不知道。連他結褵了十二年的妻子也不知情。這件事實在令他太羞愧了，如果叫他說出來，他連想都不敢想。

一種羞愧的感覺逐漸浮現檯面時，很重要的一點是不能操之過急。

如果當事人的羞愧感顯然很強烈，我有時會建議採用比較漸進的方式來揭開秘密。譬如，以顏斯的案例來說，我的建議如下：

- 把這件事寫成一封信，寫給已過世的祖母或其他能讓他有安全感的親人。
- 把這件事告訴一個他不害怕失去的人，譬如一位心理治療師、醫師、點頭之交，或他可匿名透過網路聯絡的諮詢者。
- 把這件事寫成一封信，寫給一位重要的人士，但別把信寄出去。
- 把這件事的一部分，以過去式的口吻告訴重要的親人，例如妻子。譬如顏斯可以說：「以前我十八歲的時候，去參加社交活動前，總會隨身攜帶一個扁平小酒瓶……」接著他或許可以鼓起勇氣繼續說：「後來一直到現在，我仍會做相同的事。」不過，可能要過了好幾個月以後，他才作好心理準備要補上最後這句話。

一如上述例子可見，羞愧感可以是一種非常強烈的感受。但我們也經常遇到程度比較輕微的情形，這種時候，我們會把這種感受稱為尷尬。羞愧感比較輕微時，通常就未必需要以漸進的方式處理了。

令人感到羞愧的事情，未必是負面的事。如果對別人的感情未能獲得認可或一直只是單戀，那麼有些人會對這份感情感到羞愧。未必會是什麼戲劇性或被迫的事。令某些人羞愧的事，在別人眼中有可能只是小事一樁。好比說，令你感到羞愧的事，可能是你很容易臉紅、哭點很低、某次忘記沖馬桶，或是你轎車沒有天窗。

不論所論及的是一種全面性的羞愧感還是只是尷尬的感覺，治療方式都是相同的。治癒羞愧感的方式是開誠布公，把羞愧的事攤開在別人面前，坦然面對這件事。很重要的是要讓有羞愧感的當事人，能感受到傾聽者可以淡然傾聽這件事，傾聽者能夠和當事人持續交流，而不會批判對方或變得疏離。

別人把令他們羞愧的事告訴我們時，請務必要當個被動的助人者（見第三章）。此時保持對話太重要了，千萬別因為助人者作為太多或言語太多，而導致對話受打擾。過於主動的助人者，譬如說，可能會因為太急於提供協助，而說出以下這句可惜很不適宜的話：「這種事沒什麼好丟臉的。」雖然出發點是善意的，卻會使感到羞愧的對方，對自身的感覺比之前更差。當事人最優先需要知道的，就是自己受到傾聽了，而且他們和助人者之間的交流是暢通無阻的。

蘇菲：我覺得我沒工作真丟臉。

助人者：是囉。

或者是：

顏斯：非隨身帶著扁平小酒瓶不可，讓我覺得很丟臉。

助人者：是囉。

在第一時間先盡量什麼也別多說，緊接而來的暫停休息將會很重要。請讓他從你眼神中鏡映他自己，不過前提是他要已經作好心理準備了，有時候他可能連頭也不敢抬。不然的話，請給他些時間。接著你可以開始表達一點同理心，說些類似這樣的話：「一個人背負這個秘密這麼多年，應該非常寂寞吧。」或告訴他，世上並不是只有他一人對某件事有羞愧感，你可以說：「我知道對某件事有羞愧感是什麼感覺。我自己也有讓我覺得丟臉的事。」

不論任何地方都需要有能力坦然面對羞愧感的人。乍看之下，這方法似乎非常簡單。你只要說「是囉」，並和你所協助的對象保持交流就好。但其實並不如想像中容易。身為助人者，你必須要有能力接納你自己的感受，並有能力和內心正非常煎熬的對方保持交流。依我的經驗，雙腳站得很穩且能以泰然角度看待自己的人，他們處理別人羞愧感的能力絲毫不會輸給專業人士。

總結

羞愧是一種非常痛苦又寂寞的感受，可能會讓人恨不得能從地球表面消失或變得隱形。相對地，要你談論令你羞愧的事，可能會讓一個人感到非常焦慮。同時，這又是一種向前邁進、變得更有活力且在世上變得更有能見度的一種方式。處理自己的羞愧感，往往可發掘出極大的成長潛力。和別人一起真誠坦然地正視某種羞愧的感覺，其實有可能造就人生的轉捩點。

處理羞愧感時，請務必要慢慢來、要謹慎，且要相對被動（見第三章）。如果你傾聽別人談論令他或她感到羞愧的事，你很可能已協助他或她獲得解脫，讓他們得以拓展自己的自我形象，和讓他們在自己人生中變得更有行動力。同理心和深厚的交流，有時能增進你所協助對象的精力和喜悅感，難題可能因而自然而然就開始自行化解了。有時候，在當事人某些似乎較欠缺自我意識的領域，則可能需要從零開始營造一個成長歷程。在下一章，我將介紹一個相關的領域，它常常能讓這成長歷程更順利。

有些人老是在相同的難題卡住，不論別人提供多麼深厚的交流或多麼強的同理心，他們似乎仍動彈不得。有可能是因為他們由於「反效果守則」的緣故而畫地自限了。

第五章

檢視個人守則

除了社會上約定俗成的準則和規範外，人人皆有一套規矩或守則，有可能是傳承自父母，也可能是自創，而且他們都嚴格遵守。大多人並未真正意識到自己這些守則的存在，檢視這些守則一番，或許可帶來益處。

以下是一些守則例子：

- 我千萬不能犯錯。
- 我千萬不能驕傲自負。
- 我凡事都必須出類拔萃。
- 我不能流露出自己的脆弱。
- 別人期待我是如何，我就絕對必須是如何。
- 我必須保持鎮定。
- 我絕不能對地球造成任何汙染。
- 我絕不能濫用地球資源，並必須經常問自己：「我該如何能省則省？」

- 我必須確保身旁的每個人都過得很好。
- 我不能對別人抱持期待。
- 我永遠都必須吃得健康。
- 不論在任何情況下，我都絕不能說謊。
- 我絕不能成為任何人的負擔。
- 我必須注意不要自以為比別人好。
- 別人的需求比我自身的需求更重要。
- 我必須時時留神，免得被別人占便宜。
- 如果別人在生我的氣，我就有責任一定要讓他們再度喜歡上我。
- 只要有人來敲我家的門，我就必須笑臉迎人且周到招待。
- 只要朋友需要我，我就永遠必須為他們兩肋插刀。

守則最初的出發點是良善的。守則的用意在於調節我們的行為舉止，好協助我們在生活上過得更加順遂。守則也可以充當內心的指引路標，協助我們通往人生中的美好事物。將守則檢視一番後，你可能會更清楚地發現，你所遵循的某項或多項守則，最後其實恰恰導致了相反的效果。於是它們要麼使你沒有好好照顧自己，要麼允許了你繼續以某種方式行事，而那種行事方式實際上會使你的生活更加困難，而且偷偷消耗了你的能量，長期下來對誰都沒有任何好處。倘若真是如此，一旦意識到這一點以後，你就會更有動力阻止這樣的情形繼續下去了。

很多人在遵循著一些他們自己渾然不覺的守則。他們可能傳承了他們父母的守則，也可能遵循著一些自己以前自創而早已遺忘了的守則。這就像拿湯匙吃東西；如果你以前從來沒拿過湯匙，那麼拿湯匙可能很困難。一開始你必須估算湯匙上該放多少量、該如何避免把湯匙上的東西灑出來，還有該如何把湯匙放進嘴裡。一旦我們學會了以後，使用時根本不假思索了。一切變得自動化，我們再也不需要回想我們該如何或為什麼要用這種特定方式使用湯匙。

有時候我們遵循著一些自己兒時自創的守則，但如今這些守則只會空耗我們的能量，我們卻渾然不覺。或也許我們正遵循著一些從另一個全然不同時期所衍生出的守則。以下便是一例。

盈嘉很愛打紙牌。對她而言，打紙牌是一種很好玩的遊戲，她很樂在其中。她這麼喜歡打紙牌，不禁會有一絲絲罪惡感，她也說不上來為什麼。要是打紙牌時牽涉到金錢下注，她更覺得自己必須斷然拒絕了。

我們開始檢視和玩紙牌有關的守則後，盈嘉想起以前她母親只要一談起花很多時間打紙牌的人，口吻往往非常嚴厲不屑。盈嘉的母親仍在世，所以盈嘉得以問母親為什麼覺得玩紙牌很不好。盈嘉的母親說她曾祖父曾有一次打牌時把家裡的錢統統輸光了。

一旦盈嘉察覺到自己打牌的守則後，她就擺脫了這些守則。如今一個嶄新的世界在她眼前展開。她又加入了兩個打牌社團，她向來很想成為這些社團的成員，但之前一直沒辦法，因為這些社團以金錢下注。她現在得以盡情投入自己熱中的活動，每個月打牌的次數從原本的僅僅兩次增加為五次。

規矩越多、越嚴格，採取行動的可能性就越低

請想像一張丹麥地圖，想像地圖上滿是一個人一生中所可能採取的各種行動。只要發現一條局限性的守則，你就把地圖剪掉一塊吧。

舉例說明的話，可以想像某人的守則要求她永遠要打扮得漂漂亮亮，所以她永遠沒辦法任性地整天穿著睡衣不換，或不打理自己的儀容。如果你有一條守則是你母親對你人生有很高的期許，你絕不能讓她失望，那麼你就不能選擇成為一個煙囪清理員，就算那可能是最適合你的路也一樣。守則和限制會一點一滴吞噬掉一個人在人生中所可能採取的行動。有些人實在有太多太嚴格的守則了，以致於他們所能採取行動的「範圍」，亦即一個原本該像一整個丹麥一樣大的範圍，

變得和一座小島一樣小，需要很大的想像力和很多的能量才能從人生中有所收穫，且實際付諸行動的可能性少之又少。

察覺反效果守則

尤其在遇到我們需要作決定的情境時，守則就會變得特別明顯。「你為什麼不乾脆做你真正想做的事？」或「你為什麼不乾脆不再做你所不想做的事？」之類的問題，不但能披露出守則，還能披露出價值觀。

如果你所協助的對象無法達到他或她人生中的目標，或過著很不如意的生活，有可能是不合適的守則所導致的。「你為什麼不乾脆……」之類的問題，不但聽起來像白問，還容易惹惱對方，因為對方之所以會那麼做，當然有他或她自己的理由。但這個問題依然很重要，而身為助人者，請別忘了，白問或容易惹惱對方的問題，有時正是會帶來關鍵改變的問題。不過，不妨用禮貌的字句包裝這個問題。我自己便是這麼做，在私底下的場合協助別人時尤其常這麼做。我可能會類似這樣來敘述問題：「你說你一點也不想去參加你親戚的慶生會，我忍不住納悶為什麼你不一開始就婉拒邀約。希望我這麼說不會太不禮貌。」

對方的回答經常是一條守則。我會鏡映說：「聽起來你好像有條守則，規定你不能優先選擇讓你過個你所需要的安靜週末，而必須去做你母親所期待你做的事。」你可以在這裡就打住。一旦守則被披露後，當事人將更能察覺到自己行為舉止背後的理由，而這將為他們開啟新契機。說不定當事人會開始好奇想知道怎樣能改變守則，也說不定他們並不好奇。

如果你所傾聽的對象表示自己並不喜歡受到守則的局限，你可以告訴他們，你自己也曾因為正視並檢視你自己的守則而受益良多，而且你可以進一步教他們怎樣能和你一樣。

以下例子是檢視守則的方式。

珍妮暗自希望自己能在歐洲南部某個海邊度假村慶祝耶誕節。我問她怎麼不認真想辦法實現這個心願，她向我透露了以下的守則和價值觀：

- 耶誕節時，你就是必須要陪伴年邁的父母。
- 你不可以自私自利。
- 在自己一個人身上花這麼多錢是不對的。

一旦把這些守則攤在陽光下後，自然而然就會想好好逐一檢視它們。它究竟是個又好又有建設性的準則，還是它莫名限制了你？

檢視守則並制訂出替代的新守則

如果你所協助的對象喜歡書寫，不妨請她分別在兩張紙上，各列出每條守則的優點和缺點。

珍妮最後並未捨棄她的守則，而只是微幅調整了一下，讓海邊假期成為一種可能性。她調整過後的新版守則如下：

- 你應該要陪伴年邁的父母，但不是時時刻刻陪伴。
- 如果你在基督降臨節的第一個星期日已陪伴過父母，那麼耶誕節時不陪伴父母是可以的。
- 偶爾稍微自私一下和花些錢在自己身上是可以的。事實上，長期下來你這麼做八成對每個人都好，因為你回到家時心情會好很多，感覺也會比較有朝氣。

你可以不只在心裡面檢視這些新想法，還可把新想法拿一張紙寫下來，就能透過反覆閱讀而不斷提醒自己，多花點力氣這麼做，實在是很值得的。如果你不喜歡書寫，可以把新守則對自己朗讀幾遍。不過，如果你對著別人朗讀，效果會是最好的。如果你不希望讓別人參與這過程，你可以去森林裡對一棵老樹說，或對著鏡中的你自己說。

你替自己制訂出新守則後，就要漸漸捨棄舊守則。最好的捨棄辦法就是違反它們。你違反舊守則越多次，它們就越來越無法牽制你。

鬆綁反效果守則

守則和我們對這世界所認定的某些假設，兩者間有著很密切的關聯。如果你所協助的對象很難以違反某條反效果守則或規矩，或許不妨檢視一下這條守則讓他或她聯想到的是什麼。釐清假設有哪些的一種方法是問一問：

- 你為什麼一定必須……？
- 要是你沒那麼做，會怎麼樣？

你為什麼不能……？

被問到為什麼不准自己自私自利時，珍妮的回答後來讓她自己意識到，那其實是一字不差地在複述她父親以前常說的一句話，亦即「要是每個人都愛怎樣就怎樣，那豈不天下大亂嗎？」她曾好幾次聽過父親說出這句話，譬如有一次，她想去參加一場羽球比賽，而不想在家裡幫忙看顧弟弟。長大後回顧起來，她能看出，當時她父親的思慮只要稍微有創意一些，他們就能替那情境想出不同的解決辦法，要麼可以請祖母照顧她弟弟，要麼珍妮可以帶弟弟一起去羽球比賽，弟弟可坐在一旁觀看她打球。她從此以後決定，再也不要任由自己受到父親缺乏想像力的回答所影響，他以前常這樣禁止她做她真正想做的事，而這樣的禁止其實也沒有什麼真正合理的理由。

被問到為什麼覺得耶誕節時自己非得陪伴年邁的父母不可時，她的回答是，她自己年幼無助時，他們都陪伴著她，如今換成他們需要協助了，她想要報答他們。可是她回想起她小時候，他們也曾經去做很多**他們自己**想要做的事，就算必須把她託給別人照顧也一樣，而她並不總是很喜歡被託給別人照顧，於是她調整了自己的守則，變成她不見得**時時刻刻**都必須陪伴父母，這包括耶誕節在內。

捨棄反效果守則

當你勇於採取不同的作為，或不再做你已經長期做了很多年或甚至已做了一輩子的事，經常會引起恐懼或不舒服的感覺。

當珍妮決定告訴她父母，說她將去海邊度假村過耶誕節時，她失眠了好幾晚。第一次不在家過耶誕節那年，她非常擔心和害怕她不在家時，父母會生病。結果她不在家時，什麼壞事也沒發生，而且去海邊度假真的讓她非常非常愉快，下次她再遇到相同情境，需要告訴她父母她選擇優先照顧自己的需求時，就變得容易多了。

有些人在更清楚意識到自己的守則後，覺得有必要限制自己的行動領域。或許他們覺得自己的處事態度並不是那麼好，而開始想要對別人更體貼一些。然而最常見的情形是，一旦當事人正視了自己的守則後，他們經常想要擺脫其中的一些守則或稍微做些調整，好讓自己的行動領域能更寬廣，就像珍妮一樣。她現在可選擇的可能性更多了。以前有多很事情她不准自己去做，因為她覺得那樣太自私了，但現在她換不同角度思考了，因而讓生活中有機會規劃更多愉快的活動了。

依循新制訂的守則過生活，一開始非常費力。如果你感到壓力大、很害怕，或只是累了，你會很容易回頭又使用舊守則，畢竟你很可能前半輩子以來一直是靠舊守則過活。這是因為遵循舊守則省力得多，舊守則自動會浮現你腦海，新守則卻是你還不太習慣的，需要全神貫注去適應。然而，絕不需要因此就氣餒放棄。一時擺脫不了舊守則是完全正常的，只要你堅持追求新目標，每當遇到新情境就提醒自己要遵循新守則，舊守則就會漸漸淡去。

你可建議你所協助的對象，把新守則掛在他或她家裡鏡子上方或其他常常能看到的地方，或把新守則告訴朋友，請朋友提醒他們要遵循新守則。

嚴格的守則和自卑

如果你有守則要求你要表現得比其他大多人好，譬如要求你要多幫助別人，並努力滿足別人的期望，這往往是因為自卑的緣故。我曾問珍妮，為什麼她覺得她總是必須幫助別人且永遠不能成為別人的負擔，她的回答，連她自己都感到意外。答案是因為她自卑，她很怕要是不這樣，別人會根本不想理她了。

嚴格的守則，目的往往是一種彌補作用，因為你覺得自己不夠好。譬如說，一個人表現得非常友善時，他們可能下意識希望沒人會發現他們其實多麼沒有價值。如果你違背了你的守則，並發現其他人依然喜歡你，或更喜歡你了，甚至覺得你比以前更吸引人了，你的自尊就會提升。

如果你調整了守則，好讓你能更自在地做自己，那麼這樣對你看待自己的方式也將產生正面效應。比方說，如果你允許自己婉拒別人的慶生會邀約，因為你不想去參加，並把不去參加所省下來的錢，用來買一大束花送給自己，那麼你就是在發訊息告訴你自己的內在系統，說你是重要的，你的需求也是重要的。

價值觀

不過，也不見得我們越改變和減輕我們的守則，就一定會越好。遵循某些守則對我們很有意義，因為它們深深支撐著我們可能有的某些個人價值觀。瞭解我們的價值觀並選擇遵循這些價值觀，能幫助我們更能成為我們之所以是我們的獨一無二個體。

以下是一些價值觀的例子：

- 造成汙染很不好。

- 你必須加倍關懷兒童。
- 你必須誠實。
- 你不能占別人的便宜。

價值觀對你而言很重要，當然不該做改變或調整，但正視價值觀仍是好事一樁。如果你知道自己的原則是如何，你就更能明白為什麼在某些特殊情況下你會不高興了。

總結

如果你所協助的對象，一直很難從某個令他或她很吃力的情境中脫身出來，有可能是因為他或她受到太多嚴苛的規矩或規定所限制了。設法讓自己更清楚正視自己的守則，可以開啟新契機，讓你得以在人生中更有行動力。不過，一個人的守則，往往深深牽涉到他或她的整個世界觀和根深柢固的信念，因而未必能在一夕之間改變。但如果你所協助的對象開始感覺到重新檢視自己的守則讓他或她得以在生活中更有行動力，那麼他或她絕對是走在正確的方向上。

仔細檢視守則，是一種加速個人成長歷程的方式。在下一章，我將介紹一些可能比這再更有效的技巧。

第六章

安排讓「我」和「你」相見

有時候我們必須直搗所處理的痛苦正中心，它才能開始轉變。很多人大半輩子只蜻蜓點水帶過，未曾真正觸及自己的感受，這感受表面上看起來可能顯得很嚇人，但經過仔細檢視後，卻可以獲得釋放，或之後讓他們看到一種處理難題的新方法。

以下是一些小練習和方法，你可用來協助自己和別人更加貼近人生中對你或對他們而言最重要的事。在本章結尾，我將介紹這些小練習較簡易的版本。

從談論「關於」某人的事，到直接和對方「對談」

我們可以花很多時間談論「關於」某個難題的事。我們通常有很多理由去說明為什麼我們人生會不順遂，這些理由呢，只要有人願意聽，我們就很願意講。這些理由可能說起來又繁複又冗長，其用意在於讓我們得以切割起碼一部分或甚至是全部的責任和過錯。

如果你正在傾聽某人說理由，並覺得開始感到無聊，那麼說理由的對方極有可能也和你感到一樣無聊。他或她八成之前就講給別人聽過，說不定已講過好幾次了。

比起直接以「我」和一個聆聽的「你」對談，談論「關於」某人的事會形成一種距離感。如果你能讓你所協助的對象，向所牽涉到的另一方直接表達他或她的痛苦，那麼他或她就將能更深刻感受到自身的情緒和另一方所代表的意義，這最終可望讓情況得以明朗化。

你可透過好幾種不同方式安排「我」和「你」相見。其中一種方式便是利用一張空椅。請把椅子放在你所協助的對象面前，並請他或她想像難題所牽涉到的另一方正坐在椅子上。舉例說明如下：海莉長期以來對她父親的觀感很負面。我請她想像她父親就坐在她面前的椅子上。我也請她寫了一封信給他。重點是她不再以第三人稱「他」稱呼他，而是改用第二人稱「你」。

換句話說，她不會再說：「……而且他老是忘記我的生日，好像我對他變得一點也不重要了一樣。」而會改說：「爸，你又忘記我的生日了，我很怕我對你變得不重要了。」以下再舉另一個例子。

繽緹不斷說著自己婚姻有多麼不幸福，一說到老公的是非對錯，她就有說不完的話。她說得又急又快，彷彿想趁我聽膩之前趕快統統告訴我。

我把一張空椅放在她面前，請她想像她老公正坐在椅子上。然後我請她把她剛告訴我的一些內容，直接向她老公說。這招奏效了，她開始結結巴巴。這時候，我也不再覺得無聊了。她之所以結巴，代表她正在努力構思一些她之前沒說過的話，我感覺得出來，她此刻的努力將是值得的。

空椅的方法用在個人成長上也很適合。在人際關係上遇到難題，而需要釐清自己的角色時，我自己有時候也會使用空椅法。未必須要有助人者在場，也能使用空椅法。

使用「空椅」技巧

以下我將更詳細且具體地介紹如何使用一張空椅來產生一場更直接的對話。舉以下例子做為說明。

安妮的叔叔亨利克曾對她造成過創傷經驗。她如今不想再和他有任何往來，但家族聚會時仍不免會遇到他，每次遇到，都對她造成很大困擾。

我在她面前放了一張空椅，並請她感受一下，她的椅子和她叔叔的椅子，彼此間距離該是多遠。椅子一旦放到對安妮而言適當的距離後，我請她深呼吸數次，然後好好感受她現在所坐的椅子正穩穩承載著她。接著我請她望向另一張椅子，並想像她叔叔正坐在那張椅子上。我請她要想像得越清楚越好。他穿著什麼樣的衣服？他的姿態如何，臉部表情如何？接著我問她，像這樣看到他坐在她面前，是什麼感覺。倘若她開始感到害怕，我就提議我們把他的椅子再挪得離她更遠些，或請她把他想像成現在身形的一半或甚至更小。現在她的任務就是把她此刻的感受，直接對著他說出來。譬如她可以說：「現在這樣坐在你面前，讓我回想起以前你好幾次搔我癢，搔到我無法呼吸，那樣我很生氣。那樣很不好。我並不是什麼玩具。你嚇到我了。」

等安妮對他說完心中所有想說的話後，小練習就可以結束了。她也可以繼續，走過去坐在她叔叔的椅子上，想像她就是他。這時我將請她高聲說出：「我是亨利克叔叔，今年六十七歲，穿著我的舊襯衫，坐在這裡，看著我的姪女安妮。」她必須試著感受身為亨利克叔叔是什麼感覺。我跟她說話時，當成她就是亨利克叔叔一樣，我問她：「亨利克，聽你姪女說話是什麼感覺？聽完有什麼感受？有沒有什麼話想對她說？」他可能會回說：「妳抽抽噎噎跑走，後來再也不肯跟我玩了以後，我才發現我玩得太過分了。是我太粗心大意了，抱歉。」他也可能說：「我不記得有這回事呀！」

叔叔說完後，安妮就能坐回自己的椅子，坐下來後她應高聲說：「現在我是安妮，今年三十七歲，坐在這裡，正看著我叔叔。」她應在內心感受一下，看看亨利克的臉部表情是否對她產生了任何影響，並看看自己是否還有什麼話想說。這對話可以一直繼續下去，也可以輪流交換椅子，只要覺得對話內容是有意義的即可。很重要的一點是，最後一句話必須要從安妮自己的椅子上說出來。

我也可以請安妮只想像她叔叔站在她面前，或我可以請她寫封信給他，並在下次我們見面時朗讀給我聽。

直接寫信給當事的對方，效果和空椅法一樣，因為能把對話從談論「關於」對方的事，切換成以「我」直接對著聆聽的「你」說。在心理治療場合之外的很多其他情境下，提議寫封信也是個很適合的做法。我有時會向親朋好友推薦這個方法，需要進一步釐清生活中某個情境時，我自己也經常使用這個方法。

寫信

把困擾著你的事情表達出來，這件事本身對你的免疫系統是有益的。研究顯示，壓抑情感可能導致內在壓力，而壓力會降低免疫系統的效率。因此不論如何，表達自己都是好事一樁，就算只是寫在紙上也一樣。此外，寫信的好處是你得以向相處不睦的對象直接表達眼前面臨的難題，這麼一來，你就能更清楚看出在這段人際關係中，你自己的感受為何，以及對方對你而言所扮演的角色為何。

請務必讓信的一開頭就以對方為對象，譬如可寫：「親愛的（或嗨）亨利克」。應把這封信當作是一封道別信，因為心裡想著要把一件事做了結的時候，能讓你更加專注，也能讓你的感受更深刻。譬如，寫信的人可假裝自己即將搬家到世界的另一端，因此不知道自己這輩子是否會再見到這封信的收件對象。關於告別信的範例，可參見我《情感指南針：如何把你的感受想得更透澈》（2016）這本書的結尾。

寫信的小練習也可用來檢視你自己的心願。如果你以別人的身分寫一封信給你自己，寫出所有你想聽他對你說出的話，有時候可能會令你大開眼界。如果要安妮像這樣以她叔叔的身分寫封信給她自己，我猜信的內容可能會類似這樣：

親愛的安妮，

我對自己的所作所為感到非常非常對不起。我並未尊重妳的感受。是我不對，我對過去的事感到很羞愧。妳能原諒我嗎？

祝好

亨利克叔叔

如果安妮覺得，只要亨利克能誠心誠意向她道歉，她就能忍受再和他往來，那麼表示我們獲得了一項重要資訊，亦即由此可知道，這段關係透過這種方式或許有修復的可能。

你以別人的身分寫一封如願信給你自己時，這封信一點也不需要符合現實情況。重點只在於讓你的想像力得以天馬行空自由發揮，並讓對方一字不差說出你想聽到的話，完全不用管對方在現實生活中，是否有朝一日真有可能說出這些話。你所協助的對象把信寫完後，你可提議為對方朗讀這封信。這樣的一封信有時能帶來一種「如釋重負」的感覺，即使信是你自己寫的也一樣。而且這信能協助你更明白你所渴望的到底是什麼。

覺得自己受困在憤怒情緒裡的人，如果以他們憤怒對象的身分寫一封如願信給自己，有時能獲得莫大的助益。如果你所協助的對象發現了自己想要的是什麼，卻無法如願以償，那麼他或她要麼可以加倍努力爭取自己想要的東西，要麼放棄這個心願，並讓這憤怒轉化為悲傷。

我如果要請任何人回家做這項寫信的小練習，一定會先確保對方已徹底明白這項小練習的內容，並確認對方一定有能力完成。我確認的方式，是請當事人試著構想並高聲說出最開頭的兩句話，有時候也說出信的最後一句話，而且我會全程聽著他們說出這些話。

有時候當事人會覺得起頭很難。這種時候，我偶爾會提供一個參考的開場白。我建議的開頭經常是：「親愛的某某某，謝謝你這樣這樣那樣那樣……」在這本書的最末，我列舉了一些問題，可用來為寫信的人增添靈感。

為了讓寫信的小練習能順利完成並奏效，一定要把信的內容朗讀給某人聽，讓此人充當見證人。可以找治療師或朋友，只要不是信中的對象都可以。

某些時候，寫信的人決定把這封信交給信中的對象。這有時是個好主意，有時則未必。

對相處不睦的對象說些話

練習以「我」對一個聆聽的「你」表達你的痛苦，永遠是有好處的。在現實生活中和對方實際見面也是有好處的，不過有可能招致不良後果。聽到別人抱怨時，我們太容易就四兩撥千斤地叫他們直接去當著對方的面講。如果向我們傾吐心事的當事人，把抱怨當成一種擺脫自己憤怒的方式，而且並非真正有興趣想知道自己如何能更妥善應付這情境，那麼這樣的建議或許是合適的。

但如果向我們抱怨某第三方的人是個敏感的人，且她所抱怨的對象在言語或行為上有暴力傾向，那麼不傾聽她抱怨而叫她直接去向對方講，就似乎有些不近人情了。要是她一開始就敢向對方講，她一定早就講了，既然她選擇轉而對別人講，那就是在尋求解決難題的勇氣，或在尋求比較恰當的說法。

寫一封信或對空椅上的假想對方說話，都可用來練習構思恰當的說法，或用來累積直接面對所需要的勇氣，然而直接面對通常未必是合適的，譬如要是第三方當事人只要一聽到任何疑似批評的話語就會出現極度負面的反應，那麼直接面對就不適合。

直接對話是當事人也可以對自己做的一種小練習，而且一樣可得到很好的成效。這個方法將在下一段進一步介紹。

內心天人交戰而必須釐清時，可透過空椅法進行對話

空椅是構思對話的好技巧，這對話包括我們或多或少都有意識到的自我對話。以下舉例說明。

漢妮一方面想搬去市區，一方面又不想，由於遲遲無法做出決定，她覺得自己變得很氣自己。我請她找兩張椅子面對面放著。一張椅子上坐的是想搬去市區的漢妮，一張椅子上坐的則是一想到搬家就憂心忡忡且根本不想搬去任何地方的漢妮。

在第一張椅子上，我請她認同想要搬家的漢妮，並透過她的言行舉止和肢體語言反映出這份認同。很重要的是，她務必要允許自己發自內心與高采烈談論有關定居市區的所有愉快事物。等她統統談完了，再也沒有什麼要補充的之後，她得換去坐另一張椅子，讓「憂心忡忡」的漢妮透過自己的肢體

語言和言行舉止，把自己所害怕的事統統表達出來。她有可能兩張椅子各坐了好幾次，輪流來來回回，以便讓對話逐漸成形。譬如說，有可能會以問答的形式進行。興高采烈的漢妮可能會問憂心忡忡的漢妮：「妳到底在害怕什麼？」憂心忡忡的漢妮可能會問興高采烈的漢妮：「萬一搬去後，發現鄰居很吵，妳怎麼辦？」

遇到難解的個人難題或令你不知所措的人際關係時，空椅法也可派上用場。把事情具體呈現出來，就可讓事情不必在腦袋裡糾纏，既可減輕你負擔也有助於釐清。感到難以做抉擇時，我自己便會使用空椅。我在一張椅子上，會百分之百支持某個主張，在另一張椅子上則替反方辯護。有時候我甚至必須動用好幾張椅子，才能把和議題相關的各種不同意見都囊括進去。

你協助了某人進行內在對話後，他們最後不見得一定都能想得更清楚。他或她說不定變得更困惑了。但在接下來幾天當中，八成會有新想法開始浮現，那將有助於他或她作決定。

如果某人在對話過程中容易變得有些困惑，這很可能是個好跡象。你可能在不知不覺中打破了某個模式，她就不能再以相同方式使用以前那個模式了。

打破舊模式

我們可能會以為，對話後只要能獲得某種程度的釐清，那麼一切就沒問題了。但有時候事情就是沒辦法進展得那麼快。你可能需要先經歷一段充滿困惑的人生階段，然後才開始能對你自己和對世界產生全新的觀感。從原本感覺安全又熟悉的思考方式，轉變成對任何人和任何事都覺得困惑又沒安全感，這可能代表著你凡事都更有深度地開始真正進步了。

如果你遇到的情形是，你協助的對象在和你相談後反而心情更差了，你不見得要因此感到罪惡。你很可能協助對方在旅程中又跨出了一步。如果試圖協助的對象哭了，很多人會心生罪惡。但這可能代表著當事人其實因此更貼近他或她自己了。

我們總是對最熟悉的事物最有安全感。這就是為什麼我們即使理智上很久以前就發現負面的舊模式不再適合我們，我們仍很容易繼續受困在舊模式裡。冒險踏上新道路，將永遠會牽涉到一定程度的不安和困惑。

使用簡易版的技巧

如果交談是發生在進行治療的時候，那麼顯然會建議當事人回家後繼續善用空椅法和其他一些小練習。不過，如果交談是發生在其他的場合，那麼或許相同的技巧在用量上可斟酌減輕，亦即可使用簡易版的技巧，感覺會比較自然。與其請你交談的對象寫一封信，你可以談談你自己或其他人在使用這項技巧後獲得了多麼大的助益，並問問對方是否有興趣進一步瞭解他們自己能如何來使用這項技巧。

與其搬出一張椅子，你可以單單問：「如果要你把你現在所告訴我的內容，照實講給對方聽，你會怎麼講？」

總結

人生中有很多時間是浪費在試圖解釋和講往事上，所講的這些往事最後可能自己越描越黑，並加深印證了敘述者對他或她自己的自我知覺。此外，往事很可能早已過時，應該要以更新過後的內容取而代之才是。

如果你請你所協助的對象，以直接對話的方式敘述難題，往往會發生不同的全新情形。就算只是用想像的，也很難把一個你將要面對面相見的人，一直認定成壞人。事實上，這種情況下，你的感受和對方對你而言所扮演的角色意義，反而會顯得更清晰鮮明。你過去以來所習慣一直講的難題和往事將會瓦解，可能會浮現的是一個新畫面，和隨之而來的一份全新自我知覺。

在下一章，我將介紹另一種也很好用的技巧，能幫助你所協助的對象更貼近他或她自己，並和你建立更深的交流。

第七章

聚焦在你們兩人身上

交談過程中，我們往往太著重交談的言語內容了，很容易忽略更重要的事，亦即：身體的反應、交談雙方的心情氣氛，和言語背後的意圖及其影響。一旦我們開始互相談論我們自己和別人說話的方式，和談論說話後我們之間所發生的事，我們往往不但更貼近了自己，也更貼近了彼此。

把焦點放在後設溝通（meta-communication），是臨床心理治療很重要的一環。如果出了心理治療場合，這項技巧可斟酌減量使用。斟酌用量的方式，將在本章結尾說明。

以下段落有一些建議和相關問題，你可用來協助把焦點放在弦外之音上。

考量的評估

在我們說話之前、過程中和之後，大多人會把許多種事情納入考量。這些考量往往比我們實際的遣詞用字，更能闡明我們的為人和處世態度。以下問題能協助聚焦在這類考量上：

- 你希望我怎麼回答這個問題？
- 你現在告訴我這件事，你心裡的考量是什麼？
- 你現在告訴我這件事，目的是什麼？比方說，你希望我給你建議嗎，還是你只想一吐為快？
- 什麼原因驅使你告訴我這件事？你做了什麼樣的考量，才決定要告訴我？
- 你希望我聽完後對你留下什麼樣的印象？
- 你是否希望你的某些面向不要被人看到或被發現？
- 你是否在努力避免我對你形成某種印象？

但請務必記住，並非人人說話前都會三思。有些非常外向的人並不會多想，他們想到什麼就說什麼，譬如說，他們並不去考量自己所說的內容傾聽者是否會感興趣。如果你所協助的對象不太回答得出以上這些問題，有可能是因為這些問題太切中主題，或因為他或她是個非常率性且衝動的人，說話前通常不假思索。

感受和心情氣氛

我們交談時，會感受到各式各樣的感受和心情氣氛。我們所表達的內容，可能涉及恐懼、憤怒、釋懷、喜悅等等。我們所聽到的內容，也可能引發各式各樣的感受和心情氣氛。我們開始談論我們溝通當下的情緒狀態時，交談中有可能出現全新的向度：

- 你覺得我們之間的心情氣氛如何？
- 在告訴我這件事的當下，你感受如何？
- 我感覺到的是，你現在所告訴我的事，你之前已經對別人說過很多次了，對嗎？

● 關於你所描述的你此時此刻的感受……它是否讓你更貼近你自己，還是更疏離？

喜歡或不喜歡

溝通的時候，往往某些我們所說或所聽到的內容讓我們感覺很好，某些其他內容則不是我們所喜歡的：

● 有時候我會打斷你說話，並重複你剛說的一些內容，你對此有什麼看法？
● 讓我看到你這麼難過，你有什麼感覺？
● 你對我們之間的這段距離覺得如何？你希望我們靠得更近還是更遠些？
● 你對我剛問你的這個問題有什麼看法？你有更好的見解嗎？

● 我覺得你似乎不太想回答我的問題。是真的嗎？

某些問題能讓我們聚焦在我們一般情況下並不會用言語去表達的事，這些問題能激發一些前所未有的交談。以下便是一個例子。

瑪莉是個說話滔滔不絕的人，她在談她朋友小孩的事。我聽得很無聊，便問：「妳為什麼要聊妳朋友的小孩？」她頓時語塞，最後終於說：「其實我也不知道。」這時交談暫停了一會兒，暫停是彌足珍貴的，因為暫停讓我們能以更有深度的方式看待一件事情。她於是說：「其實有另一件事我很想談談，但不知從何說起。妳能協助我嗎？」

「你對於和我談論這件事有什麼感受？」這個問題，也能帶來出乎我們意料的新觀點。也許你所試圖協助的對象，內心很怕遭到別人批判，或很怕淚水決堤，或很怕被當成怪人，怕沒把事情來龍去脈交代清楚，或怕不小心出賣了述說這件事所不得不談到的當事人。她可能因為某條特殊守則而感到為難，那守則規定她，要是所談論的當事人無法在現場親自聽到內容，她就不能談論他們。

如果你是高敏感族，既把焦點放在言語內容，又把焦點放在溝通過程中正在發生的所有其他事情上，對你而言可能特別困難。你很容易被排山倒海而來的各式資訊淹沒，各種資訊可能激發出更多需要納入考量的面向和想法。這時，暫停休息將再度扮演重要角色。不妨問一下你所傾聽的對象，是否能讓你暫停休息一下，好讓你能吸收和消化截至目前為止所聽到的諸多內容。請記住，暫停不僅對你有助益，也可充當一種喘息空間，或可視為對方在個人成長上的一種有趣挑戰。在第二章所介紹過的鏡映法，也就是複述對方所說過的內容，也可在這時用來放慢交談的步調。在你複述剛才所聽到的內容，並盡可能回應任何你所接收到之資訊的時候，譬如透過音調或肢體語言回應的時候，你可利用這段時間來吸收和消化新資訊。

提出你們倆之間的難題

傾聽某人敘述他或她所遇到的人際難題時，有時很難判斷問題到底出在誰身上。敘述者很容易把情況說得彷彿問題完全出在對方身上，你卻無法聽到對方對這件事的說法。此外，鉅細靡遺聆聽關於對方所作所為的是非對錯，長時間下可能很累人。所以，譬如要是某人打算談每當她同事抱怨時，她就多麼不開心，你可以問她：「如果我現在開始抱怨某件事，妳會有什麼感覺？」你還可以對天氣發表幾句負面評論，簡單測試一下看看。

談論你們倆之間現正發生的事情，亦即把焦點放在此時此刻「我」和「你」之間發生的事情上，永遠比談論過往的事來得有效率。以下再舉個例子：

凱琳：我有時會遇到我跟別人說話時，他們卻把目光轉開。大概是因為他們不喜歡盯著我看吧。這樣常常讓我覺得我外表是不是有什麼惹人厭的地方。

助人者：妳有沒有發現，剛才我們說話時，我把目光轉開了？

凱琳：有，大概是因為這樣我才想起這件事。

助人者：妳覺得妳有哪裡可能不太好看？

凱琳：我有時候會用鏡子仔細打量自己。我看不出哪裡有問題，有可能我自己看不出來，但別人統統看得出來。

助人者：妳有沒有考慮過要問我，我看著妳的時候，看到了什麼？

凱琳：我從來誰也不敢問……一想到別人可能會回答什麼，我就害怕。你能不能稍微告訴我你看到了什麼，但一次說一點點就好，免得把我嚇壞了？

如果有可能讓你們在談論難題時，雙方都能從兩種不同角度看事情，那麼往往會是一種讓人頗為受益的做法。

你也可以在和你所協助的對象交談過程中，把其他一些技巧套用到對話中，以增強這些技巧的效果。好比說，要是你想訓練對方的同理心，那麼與其問：

「你覺得你同事的感受是如何？」譬如你可以改問：「你覺得此刻的我感受是如何？」或「你覺得此時此刻我聽著你說話的同時，我的感受是如何？」不論你所協助的對象對別人作何感想，不論感想非常正面熱情還是極度負面，他們相對於你也會呈現出相同的傾向。也許你所協助的對象認為，你不得不聽他們說話，你一定感到非常無聊，你一定巴不得他們趕快回家，也有可能他們認為你一定對他們所告訴你的事情覺得很厲害、覺得大受震撼。不論是哪種情形，你所協助的對象現在都得以驗證他或她內心的看法是否正確，或許也能更務實地看待他們對別人感受的看法，或別人對他們的看法。

在第一章，我描述過，心願能為一個人指引前途。如果你問你所協助的對象，他們此時此刻希望從你身上獲得什麼，那麼交談立刻會變得很深刻。譬如你可以問：「有沒有什麼是如果我做了或說了以後，會讓你心情大好的事情？」如果你所協助的對象極度渴望獲得別人的贊同，那麼這種現象也將在和你的關係中表現出來。你們倆現在不但有機會可以近距離而且是從兩種不同觀點檢視這種對贊同的過度需求，這種需求很可能對當事人的其他人際關係也造成難題。

然而，在某些情況下，這個方法仍可能無法奏效，譬如這難題並未在和你交談時浮現，或因為當事人要麼害怕讓你看到真實的他們自己，要麼害怕要是他們不盡只說些好話會讓你覺得被批評了。

在心理治療圈以外的場合使用這些技巧

個人成長最優先且最常發生的時候，是當事人和別人交談過程中，更加意識到自己的考量、情緒或感受到自己好惡的時候。有一種方式可以研究你自己，就是把講電話時的你錄影下來。事後研究你自己時，請注意你的肢體語言和言行舉止，並試著問自己一些本章一開頭所列出的問題，好比說「我在選擇自己想要說什麼時，心中的考量是什麼？」「我喜歡當下發生的事嗎？」「我剛才和電話另一頭對方的交談內容，是否讓我更貼近自己，還是更疏遠自己？」「我希望對方如何看待我？」

對很多人來說，像這樣的小練習會讓人大開眼界。你能更加意識到你是如何向別人表達你自己，並可利用你對自己的這份瞭解，和對方展開一場對話，討論你和對方彼此間的這段關係。譬如，要是你看完了影片中的自己，發現你外表看起來比你想像中要生氣得多，你便可主動提起這個話題，說：「我們討論了你未來可能的做法，我後來在想，不知道我當時看起來是否像在生氣。你覺得我像在生氣嗎？那樣讓你有什麼感覺？」

你主動提起會比質問對方要來得好。如果你劈頭就問對方很多問題，對方可能很容易就覺得自己像被盤問了，那樣他們只會想快快結束對話，而不會想對你敞開心扉。

把焦點放在助人者和尋求助人者之間現正發生的事情上，即使出了心理治療的場合也是有益的。你一開始可以先問問對方，是否願意聽聽你有什麼想法、感覺或如何看待你們倆之間的溝通。如果對方說願意，那麼他或她將能獲知別人眼中的他們是什麼模樣，而這是非常重要的資訊。接著你可以鼓勵對方表達他或她的感受、想法，和如何看待和你的交談。只要我們願意討論此時此刻你和我之間正在發生的事情，就能發覺我們對彼此所產生的意義或影響。大多人真的很需要像這樣比平常更深刻地去察覺自己的狀態。話雖如此，這麼做確實需要鼓起一定程度的勇氣。大多人並不習慣以這麼直接的方式和彼此交談。

如果你是高敏感族，若要你在和某人對話的同時，又要問他們這麼直接的問題，可能會令你感到特別不自在，你不習慣這種事的話尤其會有這種感覺。但只要多加練習，你就會越來越自在，而且跳脫一般閒聊並忽然切入主題核心，其實可帶來很多好處，對高敏感的助人者尤其有好處。

總結

如果與其談論在不同時間不同地點已經發生過的事，你改而談論此時此刻現正發生的事，對話將變得非常深刻。我們很少以這麼直接的方式談論我們的強項或弱點，也很少在交談時互問彼此對這場交談過程有什麼感受或看法。然而，要是我們這麼問了，這場交談很有可能不僅能讓這段關係更深刻，也能留下更長遠的印象。

下一章將探討，身為助人者的你遇到焦慮不安的人時，能如何協助啟發其成長契機。

第八章

如何處理焦慮感？

每個人一定多少都和焦慮感打過交道。最輕微的一種焦慮感，是讓人略微有點不安的感覺。我們一定都經歷過無法放鬆、焦躁緊張或坐立難安的情境。心生恐懼或不安，可能意味著我們正逐漸接近或很逼近某個對我們而言極度重要的事物。不論是談論自己所遭遇的困境，或自己最深切的心願和渴望時，大多人都會體驗到某種程度的不安。

如果焦慮感令你所協助的對象感到太不舒服了，對方很有可能轉移話題。如果你是心理治療師，你可以選擇明言指出交談話題在此時此刻改變了，而且對方可能錯失了一次個人成長的機會，因為他或她正在逃避好好正視這個十分重要主題的機會。

如果不是在心理治療的場合，在這種情況下請務必要更加謹慎，比較合適的方法會是告訴對方說，你們剛剛所談到的內容似乎很重要，如果對方願意，你很希望之後有機會再多談談。

如果你和你所協助的對象，所談論到的內容對他們而言太過艱難了，你可以開始多談談他們的強項，好比說，可以問他或她之前是如何熬過人生中類似的難關。如果你想要繼續談他們的強項，你可以對他們所面臨的難題點到為止就好，並多問問他們過去的成功經驗，譬如：「你當時是怎麼做的，那時效果怎麼那麼好？」

某些人所體驗到的焦慮感實在太嚴重了，焦慮感本身即已構成難題。要是當事人真的遇上一次恐慌發作，通常他或她便會很擔心出現恐懼的症狀，唯恐再次發生恐慌發作。

恐慌焦慮症

對於經歷過強烈焦慮感的人來說，有時候他們最畏懼的其實不是別的，而是焦慮感本身。這就是為什麼要和你的焦慮感變成好朋友。你對焦慮感認識越深，它就越不可怕。如果你正在協助一個很害怕焦慮感的人，你一開始可以提供他們所需知道的相關資訊。譬如很重要的是要知道焦慮感對生理的影響。以下是相關說明。

人類天生備有一套「焦慮程式」。要是我們感受到有危險逼近，要是我們身體並未像爬蟲類面對獵食者時裝死那樣完全僵住不動，身體就會準備以要打或要逃做為因應之道。

對打或逃命

我們準備要採取行動時，心跳和脈搏通常會加速。我們經常會感到胸悶、暈眩或出現其他不適症狀。血液將開始湧向大肌肉，增強我們雙手雙腿的力量，讓逃跑和打鬥起來更順利。然而，這也代表著血液快速離開大腦，使我們難以集中注意力。血液也快速離開腸胃部位，導致我們胃痛、作嘔、拉肚子，最後甚至可能嘔吐。

焦慮的「歷程」，對住在洞穴裡、經常要逃離敵方部落和危險動物的史前時代人類很有用。然而，在如今這時代，它只會造成問題，比方說，你正準備上臺授課，卻在上臺前感到反胃，因為你的焦慮感令你腸胃不適。但如果能知道，這只不過是焦慮的歷程啟動了，過幾分鐘後就會好了，你並不會因此病倒，其實會對你很有幫助。

如果坐在你身旁的人正處在焦慮之中，你可以告訴對方，他們此刻的焦慮感並無危險性，很快自己就會好了。你也可以協助對方更清楚感受自己的身體，那樣將能降低他們的焦慮感。不妨建議對方深呼吸，讓氣一路直達手指和腳趾最末端，或建議對方稍微走動一下，並把注意力放在自己雙腳的感覺上。他們越能清楚感受到自己的身體，焦慮感就會越舒緩。

評估焦慮感並將它放在椅子上

透過問「如果從一分到十分評估，你現在的焦慮指數是多少？」之類的問題，你可以協助當事人跳脫被焦慮感滅頂的感覺，因而讓他們得以從客觀角度看待焦慮感。這其實就是學習從外在角度看待焦慮感。

你也可以找一張椅子，請你所協助的對象想像他們的焦慮感就坐在椅子上。倘若他們可以和自己的焦慮感展開對話，那麼就能因此打開新的契機。類似「焦慮感，你到底想要我怎樣？」的問題會是很好的提問。說不定焦慮感是要帶來一份訊息，如果當事人好好坐下來問出問題後，就能接收到這份訊息。請務必要以開放的心態接收焦慮感所要傳遞的任何訊息。好比說，我是否長期下來對自己要求太高了？或者，我是否正轉變成一個嶄新且全然不同的人，而我對這個人仍有些陌生，相處起來尚未完全得心應手？我是否有某些面向之前一直在沉睡，現在才剛漸漸甦醒？齊克果相信，如果你先前較少探索心靈層次上的成長，那麼你所經歷到的焦慮感，其實很可能意味著你的心靈正在覺醒。

焦慮感有可能顯得很籠統，我們未必總能清楚知道自己在恐懼什麼。齊克果（1981）認為焦慮和恐懼是不一樣的。恐懼的產生，通常有其明確的對象，因此非常有必要好好檢視恐懼究竟從何衍生而來。

讓你所協助的對象慢慢把他們最深的恐懼完整演練一遍

每當想起某件令我們害怕的事情，我們就很容易趕緊把思緒轉移到其他想來較為愉快的事物上。但這麼一來，也很容易就讓我們正在經歷的焦慮感，恰恰在恐懼的最高峰時被中斷了。也許我們內心有個關於大災難的畫面，這畫面瞬間凝結，被迫沉入我們意識的深處，卻隨時恐怕會浮現檯面。

選擇不逃避而是看著這個畫面，並把你的災難情境在想像中完整演練一遍，可帶來如釋重負的感覺。類似「你現在最害怕的是什麼？」的問題能協助當事人擁抱焦慮感，如果一切順利，一旦你朝焦慮感貼得夠近以後，焦慮感就會自行瓦解。接下來將舉例說明。

案例一：

皮爾：我公司下個月將有一波裁員潮。我很怕自己被炒魷魚。
助人者：要是你被炒魷魚，最慘的事會是什麼？
皮爾：我金錢上可能會開始周轉不靈。
助人者：什麼情況下會演變成那樣呢？
皮爾：要是我無法找到新工作，就只好開始領失業津貼，表示我就付不出房子貸款了。我也擔心我婚姻可能熬不過這一關。
助人者：假設你只好靠失業津貼過活，而且房子和妻子都不保。到時候你會怎麼辦呢？
皮爾：搞不好我只好和其他無家可歸的人一樣去住收容所。

助人者：你覺得會需要住多久？

皮爾：我剛想到一個主意：要是我房子和妻子都不保，我就不再有任何牽掛，我向來都想要到各地旅遊，體驗各處文化。說不定我可以去當國際志工（皮爾抬頭挺胸了，雙眼炯炯有神）。

助人者：所以被炒魷魚可能帶來什麼好處？

皮爾：我還是希望不要被炒魷魚比較好，或起碼也希望能找到一份新工作。但萬一最慘的情況發生了，也還是可能開啟新契機。

案例二：

依妲：我現在很難集中注意力。我有時候會胃痛，這胃痛恐怕會是個嚴重的事。

助人者：如果很嚴重，妳覺得會是什麼事？

依妲：我爸爸是因為胃癌過世的。

助人者：我能理解為什麼妳會擔心了。姑且假設妳所擔心的事成真了，妳最害怕的是什麼？

依妲：我最害怕的不是死亡。我覺得我應該會去一個平靜祥和的地方。我也不害怕疼痛，因為我親眼見過他們想盡辦法別讓我爸爸感到疼痛。最糟的事情會是我九歲大的兒子。那樣對他實在太慘了。

助人者：如果妳死了，妳覺得他會有什麼反應？

依妲：他一定會哭，而且會非常不開心。他想必會賴在床上一直哭吧。我老公會想盡辦法陪他，但一定怎樣也安慰不了他。

助人者：妳覺得他會像這樣賴在床上哭多少天？

依妲：過了幾天，他可能會下床，慢慢開始偶爾玩一下。但接下來幾星期，他一定會很敏感又脆弱，一點小事就會讓他不開心，然後他又會賴回床上，怎樣也安慰不了他。

助人者：想像一下妳過世半年了，妳覺得這時候他情形如何？

依妲：我想他這時應該已經繼續過正常的日常生活了，但也覺得他應該會是個很嚴肅的小男生。

助人者：如果是又過了五年呢？

依妲：我想這時候他應該已經適應並走出來了。他大概會是個喜歡耍寶、有時候很難搞的青少年，就像我以前一樣。但我想他應該會比他實際年齡要早熟。真希望有別人能扮演他媽媽的角色。呼！我覺得我又能深呼吸了。我現在終於有辦法面對這些想法了。不論我出了什麼事，日子還是能繼續下去。

我協助某人檢視最壞的打算時，通常我心中備用的問題如下：

- 你能想像得到的最糟情形是如何？
- 那種情形會持續多久？
- 你會怎麼辦？

- 你熬得過去嗎？
- 要是最糟的情況真的發生了，你覺得能從中獲得什麼好處嗎？

很多時候，我都還來不及問，我所協助的對象就自己先回答完了。不論你是心理治療師、專業助人者，或是個好朋友，在你開始問最壞的打算之前，請務必要告訴受助者他或她透過這項小練習能獲得什麼樣的益處，並要詢問對方，是否願意踏上這段往往未必很愉快但很可能將讓他們心靈變得更平靜的旅程。

B計畫

請檢視你所協助的對象是否有想過備用的B計畫了。上了船後知道哪裡有救生艇，可讓人更有安全感，同樣地，要是A計畫失敗後有備用方案，也能讓人更安心。

某次我即將出一趟遠門，前一晚一直無法入睡，很怕隔天早上會出什麼狀況，害我趕不上飛機。我設了四個鬧鐘，這樣就不可能一個也沒聽到了。但萬一我汽車臨時無法發動怎麼辦？我起床查了附近最近的機場巴士發車時間表。然後我把鬧鐘設成提早半小時響，這樣我就來得及起床看看汽車能否正常發動，要是不能，也還來得及叫計程車去搭機場巴士。想出這套計畫後，我終於能安心睡覺了。

事先準備好B計畫的另一個好處是，萬一A計畫失敗了，你就有個說法可以告訴自己，或你所協助的對象就有個說法可以告訴他或她自己。萬一計畫失敗了，當事人對自己的指責所感到的恐懼，有時遠超過自己的想像。因此萬一事情發展不如預期，而你事先已準備好一套緩頰解套或肯定自己的說法，你將更有勇氣展開新計畫。譬如要是你邀請了某人一起談論你們此時此刻的關係狀態（參見上一章），卻未能得到你所期待的結果，你可事先計畫好與其把這次只視為一場失敗，你可以告訴自己下列任何一句話：

- 美好的一仗已經打完。
- 煎蛋前不可能不先把蛋打破。
- 塞翁失馬，焉知非福。
- 每個人一生中都曾經在嘗試後失敗了；你無法每次都運氣很好。
- 我從這次所獲取的經驗，未來必將會再派上用場。
- 有朝一日等我能回顧這次失敗時，我一定會一笑置之，並當成笑話趣聞講給朋友們聽。
- 我鼓起了很大的勇氣才想碰運氣試試看。等我心情稍微平復些以後，想必會再碰一次運氣看看。

本章所敘述的焦慮感處理方法非常粗淺簡略。市面上有很多很好的著述，既探討焦慮的歷程和生理原理，也提供了相關的治療方式，在本書最末的參考書目有列舉了一些這類著述。

總結

對抗焦慮感很簡單的一項技巧就是知識。人會害怕未知。我們越瞭解焦慮的症狀和相關歷程，就越能容忍它。

徹底探索你最深的恐懼、事先設想最糟糕的情況，通常會讓人發現，就算最糟糕的情形發生了，日子仍會繼續過下去，總有辦法能繼續向前走。

事先備好B計畫，或甚至是C計畫和D計畫，就像是弄清楚逃生出口在哪裡，和船上的救生艇要往哪裡走。弄清楚不僅僅是明智之舉，萬一出狀況時，也能為你帶來安全感，讓你知道該怎麼應變。

就算你有焦慮症狀，你也未必是高敏感族，而且並非所有高敏感族都會覺得焦慮感在生活中構成問題，但這其中有很大一部分重疊區。幼年時未能獲得所需情感支持和照顧的高敏感族，比成長過程雷同的較強健的人更容易衍生出焦慮感。

由於很多高敏感族特別享受協助其他高敏感族，並覺得這樣很有意義，我寫了一個章節以檢視協助高敏感族時務必需要知道且記住的重要事項。

第九章

「高敏感族」須知

本書是專門為了高敏感的助人者而寫的，也許你覺得在這樣一本書中，本章顯得有些多餘了，畢竟高敏感助人者應該早已知道高敏感是什麼感覺了吧。但高敏感的人彼此間有很大的差異。他們未必都擁有相同的典型特徵。此外，有很多高敏感族很希望能治癒自己的敏感度。如果本章內容你早已都知道了，你還是可以進一步印證你原本只隱約知道的部分。

你也可選擇把本章當作你自己所可能需要的提醒，不僅是你身為助人者，也是你身為一般人所需要的提醒。

某些高敏感族也可能罹患了嚴重疾患，譬如邊緣型人格疾患或精神分裂症。如果你不是受過專業訓練的心理治療師，在相關領域沒有豐富的學術背景和經驗，那麼你最好建議當事人尋求專業協助。同時，你仍可透過傾聽、鏡映和提供他們所需的贊同等情感支持的技巧持續協助他們。

說到日常生活中的一般難題，通常最適合由高敏感族來協助高敏感族，不論這位高敏感助人者是一位受過專業訓練的治療師，或只是個關心對方的一般人都一樣。高敏感族有許多共同點，譬如他們的神經系統和生活中的運作方式，因此能相當精準地從彼此身上反映出自己，同理心的共鳴程度也能更高。

某些人越是遭遇阻力，越能夠成長和發展。高敏感族尤其需要獲得贊同，和需要聽到別人告訴他們說，他們所體驗到和感受到的事是有意義的。所有批判質疑的問題，他們一定早就都先問過自己了。

如果你所協助的對象是高敏感族，以下是一些你需要特別注意的事項。

高敏感族尤其需要贊同和接納

有時候有些不那麼敏感的治療師，會試圖要敏感的人變得更外向些。他們會說，他們該練習說話更直接些，說話前別字字斟酌，並鼓勵他們盡量去從事外向的活動，並解釋說，他們這樣老是很擔心又替壞事作打算，是不對的。他們會教他們要懂得更隨遇而安一些。高敏感族本來就極度願意配合他人，因而可能會持續接受治療很多年，要是治療無效就把錯都怪到自己頭上。他們越是努力要達到治療師的期待，他們就越來越自卑。

如果你是一個敏感的人，說話前對遣詞用字有所擔心以及考量，其實是明智的。

被排山倒海而來的各種感受淹沒的感覺，對高敏感的人而言實在太不舒服了，以致於當事人會盡一切力量去避免。大多高敏感族自己發現，最好的辦法就是對於即將發生的事情，在情緒上和心理上先做好準備，這樣要是事情發生時，他們就比較不會負荷量超載。這種策略經常被其他人批評為杞人憂天，於是很多敏感的人對於自己的這種脆弱心理感到很羞愧。

如果你經常擔心下一刻**有可能**會發生的所有大小事，當然並非好事。某些高敏感族需要學習偶爾讓思緒暫停，單純地享受當下，這確實可以透過很多種方式學習，譬如冥想、瑜伽、正念，或其他關注身體和呼吸的技巧。

預先設想可能出錯的情形，並時時採取一定的預防措施，本身並非壞事，這樣也沒有什麼不對。大多高敏感族非常擅長此道，這樣讓他們得以避免掉很多意外和不愉快的情境。他們的想像力往往非常豐富生動，這想像力也可用來探索新的可能性，對各式各樣的創意工作都是很珍貴的。

愛能改變事物

大多高敏感族經常被人說，而且通常是從小就被人說，說他們應該要變得不一樣。他們周遭的人要他們別這麼憂慮，要更樂觀和外向些，反應要更快些，要更合群，別太敏感，並最好忽略那些令他們心神不寧的事。他們也經常拿自己和別人相比，努力去符合一些比較外向的價值觀，因而漸漸偏離了他們最有天賦成為的那個人。

感到被愛，就是以你既有的如實模樣，感到自己被看見和被關懷。如果你幾乎不瞭解自己，也從來不敢透露你所知道的事，那麼你可能要再過很久才能被別人所看見了。如果你想要協助一個高敏感的人變得更強健，你應該要給予他們同理心、贊同和接納，並鏡映他們。假如你對當事人說，他或她應該要更強健且神經更健壯才好，結果將適得其反：敏感的當事人將覺得自己不受人愛，將變得情緒低落，並感到又更脆弱了。一如我在第二章曾說的，這裡所發生的情形便是「改變的悖論」。並不會因為別人逼我們改變，我們就改變了；事實上，我們只會覺得更缺乏安全感，而缺乏安全感時，你便缺乏勇往直前或改變自己的動力。反觀要是你感受到別人都能看見並接納你既有的模樣，你就能更有力量且變得更強健。

羞愧和忠誠可能會阻礙交談進行

高敏感族需要別人鼓勵，才會談起他們自己。我通常會問他們：「你是誰？你想要的是什麼？你有哪些強項？」他們告訴我一些關於他們自己的事情後，需要給他們一些贊同，或富同理心的鏡映，一如第二章所說明的那樣。然而，可能有很多種不同的心理障礙使高敏感族無法暢所欲言：許多高敏感族對自己和對自己的人生感到羞愧。他們怕要是說出自己覺得自己多麼一事無成，或自己竟花那麼多時間擔心各種大小事情，恐怕會遭到別人批判。還有另一種原因可能會使高敏感族選擇不暢所欲言：忠誠。高敏感族總是很留意別曝人隱私。

如果我請某位高敏感的人多說說某特定情境下有關他們父母的一些細節，而他或她卻變得沉默，我通常會問他或她在談這件事的此刻有什麼感覺。通常對方顯然因忠誠的問題而陷入天人交戰。我向他們保證，我絕對會保護當事人隱私。此外，我也會問他們，倘若他們父母知道談論這件事將對他們有幫助，難道他們父母還會不贊同他們暢談關於他們自己（和他們童年）的事情嗎？說完這番話，他們通常就能敞開心胸了。

在一個受到接納且能獲得情感共鳴的情境中述說關於自己的事，可以為當事人的個人成長帶來莫大益處。那感覺就像是情感獲得認可了，甚至可能像是一生都獲得認可了。

身為講師和心理治療師，我一而再再而三親眼見到高敏感族鼓起勇氣做自己、昂首闊步，並活出更精采的處世方式。然而，某些特定難題也是屢見不鮮。

高敏感族的典型難題

不合適的環境

高敏感族需要一個寧靜的環境，並要能夠暫時遠離人際接觸或與人際有所隔離。如果你所協助的對象很不如意，不妨檢視一下他或她的周遭環境，並談談他或她的日常生活。光是改變一個人的環境、工作內容或工作時數，就能解決掉很多難題。說不定當事人常被別人說他或她有很多難題，但其實他或她並沒有這麼多難題，所以要是他們發現，有時候，過度刺激且過度耗神的環境才是造成難題的元凶，那麼他們將會如釋重負。

不穩定的自我情感支持

請務必要檢視高敏感的當事人以穩定且良好的方式善待自己的程度如何，因為很多高敏感族並不善待自己。我經常問他們「你在那種情況下，心裡對自己是怎麼想呢？」或「你對你自己有什麼看法？」之類的問題。

倘若他們的回答顯然淪為一連串的自責和自我批評，那麼就有必要開始練習一套新的處事態度了。如果你問高敏感的當事人，要是他或她有個好朋友，相約見面時遲到了並深感抱歉，當事人會怎麼說呢？通常當事人對於對方是極為包容的。但要是當事人自己和人相約見面時遲到了，他們通常會自責不已，譬如會對自己說：「你應該要把行程規劃得更完善，要注意時間，要事先設想到準備出門時可能會接到電話……」以下例子是有助益的對話：

蘇菲：我怕我可能會做錯決定。

助人者：好，假設妳做錯了決定。而且之後妳才發現應該要選另一個方案。這時候，妳心裡會對自己怎麼想？

蘇菲：我會想，我果然又做錯決定了，我實在不太擅長作決定。

助人者：假設做決定的人不是妳，而換成妳朋友卡特琳，她做了一模一樣的決定，也導致一模一樣的結果，這時妳會對她說什麼？

蘇菲：這時我應該會跟她說，她並沒有辦法預料到事情會發展成這樣，而且她當初在做決定時，一定絕對是立意良善的。或許我還會跟她說，她光是做出這個決定就已經很勇敢了。

助人者：妳有沒有看出妳對自己有多麼嚴苛？但事實上，換做別人時，妳明明知道如何包容呀！

蘇菲：是呀！

現在蘇菲該練習的是，相同情境下，她會對朋友怎麼說，她就該對自己怎麼說。不過，如果她長年以來都是以嚴苛的方式對待自己，有可能這種方式已經根深柢固，要改變這種模式對她而言可能並不那麼容易。但熟能生巧，一旦她自己察覺到了這種模式，她就將很有動力去改變。

在我的著作《高敏感是種天賦：肯定自己的獨特，感受更多、想像更多、創造更多》（2016）中，我介紹了如何能練習寫充滿關懷和愛的信給你自己。有些人一旦開始聚焦在難題上後，就能感覺到有所不同了。有些人則需要天天寫充滿關懷和愛的信給自己，寫了好幾個月後，才會培養出較穩定的新模式。

設下限制和調整生活，讓生活變成一種愉快的經驗，也是一種對你自己展現愛的方式。你越懂得愛自己，在這世界上就越能感到安全和自在。

高敏感族如果不能以穩定的方式時時養成習慣要善待自己，他們可能會一經歷到負面事物就把過錯都攬到自己身上，並在好事發生在自己身上時把功勞統統歸給別人。

高敏感族有時把過錯往自己身上攬，但那其實真的是別人的錯

要知道，高敏感族很容易以為所有問題都出在他們自己身上。以下便是一例。

波蒂兒說她面對老闆時，很難表達自己的憤怒，而且她希望自己能更善於表達批評和不滿。她明明有話想說卻選擇憋住不說時，她並不喜歡那樣的自己。

我先不建議可以透過哪些方式處理這難題，而是先讓她做個我通常都會給當事人做的小測驗。我問她是否她在任何其他人際關係中也難以表達自己的不滿。如果情形確實如此，那麼我們就會開始檢視，在那段關係中，問題究竟出在誰身上。有時候，問題範圍可以一直縮小，小到只剩下那個要是被批評了就會出現非常負面反應的人。譬如說，他們可能會開始大小聲，

或開始人身攻擊。

從這角度看來，高度敏感族憋住不說其實是明智的。接下來，更好的做法其實是請你的工會代表去找老闆談，或至少請工會代表親自到現場聽一聽你和老闆的交談過程，而別硬逼你自己說出一些你下意識也知道可能會被曲解的話。

所以波蒂兒一開始認為是她太懦弱，但問題並不是她認為的那樣。問題在於老闆不知變通，發生狀況時，也不懂得同理自己的員工。

如果你正在協助一個高敏感的對象，要知道由於他們容易把其實不該由他們攬的過錯往自己身上攬，這種現象也可能出現在你和他們的關係中。如果你的建議或小練習對他們而言沒有奏效，他們可能並不會告訴你。他或她反而可能會很客氣地謝謝你的協助，回到家後再責怪自己沒能以正確方式獲取到你的協助。

我提供小練習讓人回家做時，要是結果沒奏效，我會設法不讓他們有任何機會怪罪自己，譬如我會說：「要是你回家後發現做不來這個小練習，有可能是因為我給你的小練習太難了，或因為我說明得不夠清楚。而且，並不是每個小練習對每個人的效果都一樣好，所以要是沒效，就先別管它了。」敏感的人很容易就把過錯往自己身上攬，也很難以表達出自己的心願和需求。

高敏感族有時候會忘記把焦點放在自己身上

和缺乏同理心技巧的人交談時，我會協助他們鍛鍊同理心，問他們：「你覺得在那種情況下，對方會是什麼感覺？」

敏感的人通常不需要鍛鍊同理心技巧。他們需要鍛鍊的是要記得把焦點放在自己身上。所以我會一再問他們：「你在那當下有什麼感覺？當下所發生的事，你喜歡還是不喜歡？你原本希望事情如何進展？」其實並不是他們自己無法感受到那些事，而是他們實在太常忘記要把焦點放在自己的需求和情緒上，因為他們太忙著感受和理解他們身邊周遭的其他人了。他們經常變成在談某情境下對方應該會有什麼感覺，卻完全忘了留意自己的感受和訊號。

為了讓高敏感族能重新感受到自己的情緒，他們必須處在祥和寧靜的環境中。身為助人者，你可以建議你們一起靜靜坐一會兒，並鼓勵對方把注意力焦點放到自己的內心。

價值觀和守則

比起大多人，敏感的人往往有一套更嚴格的守則。所以協助高敏感的對象時，不妨瞭解一下他們的行為準則。或許其中有些守則可稍微調整一下，讓他或她在人生中能更有能力和活力採取行動。檢視和調整守則的方式請參見第五章。

如果你的守則很嚴格，有可能是自卑所導致。也可能是價值觀的緣故。如果你比一般人更遵守道德規範，有可能是因為你更擅長從大局考量，並善於從許多種不同角度看事情。敏感的人常常問自己這個問題：「如果大家都和我做一樣的事情，這世界會變成什麼樣？」他們很希望答案是，世界會變得更美好。

我發現大多敏感的人在兩個特定領域往往承擔重責大任，而且往往是該領域的先鋒，這兩個領域分別是關於環境保護和動物權利相關議題。譬如說，他們會告訴我，他們能清楚體會動物的感受，他們覺得動物的生命和人類的生命同等珍貴，而且幾乎無法忍受看到動物受到殘酷對待。關於環境遭破壞也是一樣，敏感的人特別容易因此滿心擔憂和痛苦。對他們而言，大自然是喜悅的泉源，我們應該對大自然心懷深深的感激，因此破壞或汙染大自然會令他們感到罪惡。

價值觀很貼近你的心和靈魂，所以當然不該輕易揚棄，就算揚棄後能讓生活變得很輕鬆也一樣。但懂得原諒自己是很重要的。

原諒你自己

敏感的人大多不喜歡濫用地球資源、汙染大自然，或造成其他人痛苦或難過。他們必須依據守則作決定時，通常會問自己：「要是我違反了這項規則，或沒有違反這項規則，是否會對別人、動物或大自然造成不幸的後果呢？」無論如何幾乎總是會使某人不幸，就算不是使別人不幸，也是使自己不幸。不論我們如何選擇，總會使某人或某事物不幸。譬如說，我決定坐下來撰寫這本書，代表著我便無法陪伴我罹癌的母親，那樣對她而言是不幸的。要是我改而選擇陪伴她，那麼對我將會很不幸，因為我此刻的寫作靈感實在太強了，要是我不順著這靈感而寫作，我的整個系統都會實際疼痛起來。

每當要做出可能會對別人造成負擔或使別人不幸的決定時，許多高敏感族實在太過意不去了，以致於最後會背叛了他們自己和他們的生命活力泉源。他們需要經常被提醒，雖然做使別人不幸的事情很不好，但做使他們自己不幸的事情也一樣不好呀！他們需要關心別人，但更需要關心自己。

許多人需要更懂得原諒自己。你越希望自己在道德上負責，情況就會變得越複雜。人不可能永遠只做對的事，你經常不得不兩害相權取其輕。譬如，我偏好購買環保的動物性產品，因為最起碼能保障動物的福祉。但在我家附近的超市，環保的酸奶一次販售的量都很大，表示我恐怕會剩餘很多必須丟掉，這樣我很過意不去。要是我每次去購物都會感到很過意不去，那麼我就必須要善於在我違反準則時原諒自己，並稱讚自己已經盡力而為了。

一條完全禁止人去做會對別人造成負擔之事的守則，會令人生活起來很費力，並需要搭配很強的遠見和自我壓抑，因而破壞了生活中的喜悅和活力，這樣實在太糟了，因為我們若想在這世上創造和成就任何事，都既需要喜悅也需要活力。

我出去講課時，經常被問到敏感是否有得治。我將在下一段回答這個問題。

什麼是高敏感族可以改善的，什麼又是他們必須視為先天條件而接受的

很多高敏感的人經常不得不聽從別人的慫恿，努力從事一些更外向的活動，好讓自己更強健。可是他們嘗試之後，卻成效不佳或感受不佳。高敏感族受到過度刺激時，很容易和自己失去聯繫，最後會感到有些無助，導致他們做出錯誤決

定，且在人際相處上也運作失靈。

強迫自己變得強健，以便能應付更多刺激，這並不是個好主意。譬如說，要是我硬逼自己在很多家購物商場裡待上很長時間，我最後只會害自己頭昏腦脹，且徒勞無功。

到底你能忍受得了多少刺激，到底多少才會太多，很有可能是遺傳性的，並不是你強迫自己承受很多刺激就能改變的，並不是這樣最後就能學會如何應付的。你必須接受你自己的極限。

但還有一件事也可能影響你有多快就達到極限。假如你很害怕，你就比較會仔細掃視四周，確認看看現場沒有任何危險，結果變成一次接收到太多刺激。但如果你感到很安全，並一派輕鬆看著周遭的一切，你就會比較慢才達到自己的極限。基於這個理由，讓高敏感族在生活中有安全感是非常重要的。安全感可以透過人際關係取得。多瞭解自己並感到自己身心平衡，也能讓你獲得安全感。只要知道永遠至少有一個地方，亦即你自己的內心，可以讓你獲得情感支持，將有助於讓人在生活中更放鬆且更安心。

高敏感族並不能強迫自己變得更有能力吸收刺激，但他們可以透過增進自己在生活中的安全感，而延後自己達到負荷量超載之極限的時刻。不過，焦慮感又不一樣了。

焦慮感是高敏感族可以改善的

很多高敏感的人對像是開車這種事感到焦慮。如果你很擅長預先做最壞的打算，在車陣中開車會顯得非常可怕。某些非常敏感的人選擇乾脆不要考駕照。然而，那樣會導致其他難題，因為他們最後變得非常依賴別人，而類似提早離開聚會這種事可能並不容易。

倘若你擔心的是開車所可能牽涉到的責任，有一些方法可減輕這種感覺。如果你挑戰自己的恐懼感，不管三七二十一就還是開車上路，你將發現，越開會越覺得沒那麼危險。你也將很快就發現，儘管開車上路有可能出很多狀況，但真正出狀況的時候其實很少。所以，就算你可能永遠沒辦法當個完全放鬆的駕駛，能夠在需要的時候開車去某個地方也仍是不錯的。

其他一些高敏感族的焦慮感來自於公開談話。這也是一件需要好好檢視的事。因為雖然他們很害怕站在大眾面前，但分享自己的想法並看到別人聽到後深深受益的模樣，也會為他們帶來很大的成就感，甚至是更大的成就感。

讓更多敏感的人向世人分享他們的想法和考量，是很重要的。美國心理學家兼研究學者依蓮·艾倫相信高敏感族是天生的顧問。但要是他們不敢出來站在大眾面前，是幫不了任何人的。

你不能為了想變得更強健而硬逼自己吸收更多刺激和感受。但你可以磨練自己，讓自己習慣焦慮感，方法是把自己所害怕的事重複做到不害怕為止。所以如果一個高敏感的人有東西很想和世人分享，倘若他們因為焦慮而裹足不前，實在會非常可惜，因為焦慮感這種東西呢，你越多去做你所害怕的事，焦慮感對你就會越漸漸失去影響力。

然而某些情境下，身為高敏感族的你若要抒發己見，可能代價會太高了。譬如，其他與會者對你所談論的主題不感興趣，且顯然更希望自己發言，要是結果他們好幾個人都爭相想發言，或要是高敏感的人不得不搶話並拉高音量才勉強能被聽到，那麼這時的代價便太高了，成功率太低了。

如果可以的話，高敏感的人需要為自己的發言先盡量爭取到最佳的環境條件。如果能先和你老闆商量，特別挪出一段時間供你發言，必然能讓事情順利得多。這麼一來，身為高敏感族的你，就能專心表達你所想說的內容，並妥善應付任何你所可能遇上的緊張心情。

我剛開始講課時非常害怕，我的心臟會一直怦怦跳，剛上臺的十分鐘我會呼吸困難。我會盡我所能事先替焦慮發作作好心理準備。在上臺的幾天前，我會想像自己變得害怕，可能害怕到一句話也說不出來。我替自己擬定了一套計畫，萬一這種情況真的發生了，就能按照計畫走。有時候，我在上臺的前一天就已經變得很緊張焦躁，我甚至會想，如果必須承受這麼大的折磨，上臺講課是否真的那麼值得。

但我還是繼續上臺，如今距離第一次上臺已經過了十二年，我講課變得很自在，我很感謝自己堅持了下來，並持續至今。能夠扮演這個角色、用你的言語和觀點豐富這個世界，真的是一種很愉快的感覺。身為一個高敏感的人，你經常會變成花太多太多時間傾聽別人說話，以及設身處地活在他們的世界裡。如果能創造一個平臺，讓你得以不受打斷地暢談你所熱中的事，便能提供很好的平衡。

許多高敏感族之所以很難發表公開演說，可能是因為他們有著極高的標準，覺得自己所說的內容必須非常有趣，才敢占用別人的時間請別人聆聽。也可能是因為他們內心不夠善待自己。這些事情都是可以改善的。

總結

高敏感族常見的難題有好幾種，其中一種可能是不夠愛自己或對自己太嚴苛，而且習慣對別人的感受比對自己的感受敏感。高敏感族能獲得接納和同理對待時，他們便會對自己感覺好很多，這樣通常就足夠他們獲取力量，去進行為求進步所需做的改變了。

高敏感族吸收刺激的極限比大多人來得低，而這是他們不得不接受的既定事實。不過焦慮感又是另一回事了，因為它在某種程度上是可補救的。

下一章將探討身為助人者的你能如何照顧你自己。截至目前為止所介紹過的技巧，主要是用來進行情感支持性的交談，下一章所介紹的技巧，則能讓你用來保護自己別刺激過量或負荷過大了。

第十章

高敏感助人者面對的挑戰

敏感的神經系統

因為你神經系統很敏感的關係，你能夠非常強烈感受到別人的情緒和心情，簡直就像是你自己的情緒一樣。這是一種好處，尤其是在協助別人的時候，但也可能成為一種負擔。

想必經常有人要你別把事情看得那麼認真，而要試著讓你所聽到的事情從左耳進右耳出，別讓事情影響你那麼大。之所以會給這樣的建議，通常是以為每個人的運作方式都大同小異，以為適用於某人便也適用於別人。但如果你是高敏感族，你的感受對你的心理影響會更深，你將需要更多時間消化和處理這些感受。

如果想瞭解敏感族和較健壯的人之間的差異，美國研究學者傑洛姆·凱根（Jerome Kagan）的一份研究是重要參考依據（Kagan and Snidman 2004）。凱根測試了五百名四個月大的嬰兒，發現大約有五分之一的嬰兒反應方式和其他嬰兒不同。起初，他將這些嬰兒稱為「行為抑制型兒」，因為他們比別的孩子來得小心且謹慎。後來他把名稱改為「高度反應型兒」。

根據凱根的研究，反應強烈的孩子，指的是經歷到新事物時會表現出強烈覺知的孩子。研究人員讓這些孩子經歷的新事物包括爆破的氣球、孩子所不熟悉的色彩鮮豔移動式玩具，以及孩子的母親像平常一樣微笑望著孩子，唯一差別在於她一句話也不說。五個孩子中有四個依然會保持平靜放鬆，但有一個孩子會有所反應，他們會哭喊並揮舞手臂。

凱根後來在孩子兩歲、四歲、七歲和十一歲時又把孩子找回來，每次都發現，嬰兒時期反應強烈的孩子，長大後對新刺激的反應也較強烈。

切勿將「高度反應」和「向外式反應」（outwardly reacting）混淆，兩者完全不同。我在此處只談**向內式**的反應或行動。周遭環境出現新事物時，反應強烈的嬰兒會較激動哭喊並揮舞四肢，但長大後，這些孩子典型的強烈內向式反應可能就不明顯了。你唯一可能會看到的是，遇見陌生人時，這孩子常常躲在母親或父親背後。換句話說，小時候哭喊並揮舞四肢的嬰兒，長大後並不會變成吵鬧的青少年。他們反而最有可能發展成安靜且拘謹的孩子，也比同儕更常省思人生。

美國心理學家兼研究學者依蓮・艾倫認為，凱根研究中「高度反應型」的孩子其實就是高敏感的孩子，而凱根的研究對於她研究高敏感族十分重要（Aron 1997, 2010）。

她之後便一直在研究高敏感的成人，她讓成人接收各種不同刺激，同時掃描他們大腦的活動情形，她的研究成果在國際性科學期刊《腦與行為》（Brain and Behavior）剛剛發表了（Acevedo et al. 2014）。

研究人員掃描十八名受試者的腦部，並同時讓他們看表情快樂或難過的臉部照片。照片既有陌生人也有受試者的戀愛對象。

高敏感族大腦中和同理心有關的區域（包括鏡映的神經系統），顯然比其他受試者的更活躍許多。看到自己戀愛對象微笑的照片時，高敏感族的腦部活動達到最高峰。面對其他人的情緒——不論是正面還是負面的——高敏感受試者所被激起的內在覺知則高過其他受試者的。

別人要高敏感助人者別讓別人所說的話影響他們那麼深，許多高敏感助人者常怪自己做不到這項建議。但你並不能為了自己所無法控制的事情而怪罪自己。不是你自己選擇要對事情反應這麼強烈，就算選擇忽略不理能讓生活更輕鬆，這也不是你說不理就能不理的。你**能夠**做的事，而且這非常重要，就是你真的要好好照顧自己。

要保護你自己，別因為別人敘述性或情緒性的表情，而變得負荷過重了

如果你有條守則要求你要百分之百專注對待你所協助的對象，你有可能一直保持一種很開放式的肢體語言，眼神也會是開放式的直直凝視，要是把眼神移開了，你可能會感到罪惡。我們是用我們整套感官系統在記錄著對方的情緒狀態。

如果我們不希望負荷過重，就需要創造一定的距離。如果對方所說的內容令你疲乏，我建議你不妨試著在你們倆之間創造更多距離看看，讓你的身體姿態只

呈現局部開放，你就能讓你部分的注意力用來也感受你自己的情緒。坐在你傾聽對象的正對面，對你可能不是最理想的。不妨試試讓你的側面對著他們的正面，或稍微有個角度就好。這樣你就比較能自由地，好比說，在你需要的時候看一看不同的方向。

我們移開目光或低頭時，代表著我們的焦點轉而向內了。高敏感族比一般人更常需要這麼做，因此經常是率先轉移視線的人。我們有百分之八十的刺激是透過眼睛進來，四目交接互相凝視時，必然也會有大量訊息在流動。感覺到自己快到逼近自己吸收資訊的極限時，如果你不想虛耗自己的精力，請務必要認真看待這極限。只要有需要，就允許自己移開目光片刻，要是對方似乎表現出挫折的反應，請練習忍受你的罪惡感。如果對方不想跟低頭時的你說話，他或她就必須暫停一下，等你準備好了以後再繼續。良好溝通的必要條件是彼此目光互相交會、凝視，再移開。你越能允許自己移開目光再回來，你就越能專注和對方進行交流，並維持住自己的精力。

身為高敏感族，你通常不善於一心多用。最糟的情況是，你會太專心傾聽對方所說的內容了，以致於可能和自己完全失去了聯繫。不妨練習在交談過程中，讓注意力焦點來回轉移。你可以時而看著你所協助的對象，時而傾聽他們的言語和感受他或她的情緒和心情，時而移開你的目光，感受你自己的情緒。如果希望這場交流順利進行，你們雙方都必須對自己有清楚覺知才行。

許多高敏感族需要每隔一陣子就離開所處的廳室，才能徹底感受自己的情緒，有時候他們甚至需要離開整棟大樓，才能再度作好心理準備、再度專注於進行交流。

盡力而為就好並要暫停休息

有時候高敏感族並未充分察覺到自己需要暫停休息。可是只要想想刺激會引起他們多麼強烈的內在反應，他們又多麼常承受別人的痛苦，那麼需要暫停是很合理的。別拿你自己和別人做得到的事做比較。只要盡力而為並知道你所做的善事很可能比你所想像中的影響更深遠，那就夠了。

高敏感族所能提供的交流和陪伴是非常優質的。很多高敏感族很擅長提供富同理心的共鳴，能印證別人的感受，而且能對別人產生療癒效果。他們只是沒辦法一次連續進行好幾個小時就是了。

你可以心安理得地暫停休息。如果以你的能力，能付出的就是這麼多，那麼沒有誰有權要求你付出更多。人人要為自己的人生負責。

催生新洞見，還是只從旁協助

遇到飢餓的人，教他釣魚會比直接給他魚要好。同樣地，最好能教你所協助的對象自己撒種子種麥和烘焙自己的麵包，而不是什麼都向你伸手。

高敏感族特別容易落入的一種陷阱，那就是持續服務和代勞，而不是協助對方開始練習承擔自己的責任。有時候他們實在太擅長補強別人了，以致於他們周遭的每個人似乎在很多方面都過得很好，敏感的人卻覺得自己越來越累並缺乏能量，連別人也不禁同情起他們了。

給予同理心可以是非常重要的。然而，高敏感助人者有時候可能變得太有同理心了，以致於他們常常不小心變成在支持和鼓勵別人其實很該改一改的行為。以下是一些例子。

如果你送啤酒給酗酒者，他會認為你很有幫助，還會為此感謝你。如果你送他的是份三明治，並和他談論他的酗酒問題，他搞不好會惱羞成怒，但長遠來看，你很可能增進了他克服物質濫用問題的能力。如果你有個同事老是覺得自己的問題都要怪別人，而你附和她的看法，認定是她老公該改變，她會覺得你人很好，對她很有幫助。但要是你問她：「妳覺得他怎麼看這問題呢？」你是在協助她換個角度看問題，這樣能促進更深刻的個人成長，即使她乍聽之下覺得有些逆耳也一樣。

再一個例子也許是某名女子興高采烈說著自己所做的一些決定，這些決定短期之內將有好處，你卻清楚看出，長期下來不論對她或對其他人都沒有好處。你想必覺得有需要支持她所做的決定並分享她的喜悅，因為你感覺得出來她也是這麼希望的。同時你應該又會感到自己不太想要挑明跟她討論她這些決定的不良後果。

我自己也曾需要練習明言指出不適合的模式，而不是只從旁協助而已。假使你不喜歡面對生氣的人，你可能會很想要直接照別人要求的去做，而不是教他們新事物，並提供能讓他們有所成長的素材。這是大多高敏感族應該要留意的一件事。如果你比較常只從旁協助，而較少促進當事人的個人成長，你所需付出的代價就是不得不一而再再而三聽他們老調重彈。

高敏感族之所以很容易就助長了別人的負面模式，是因為他們不太願意面對別人的不滿。而他們之所以不直接把別人的負擔擱置一旁，並教別人如何好好照顧自己，往往是因為他們很容易就覺得自己需要為別人所經歷的痛苦負責。

〔Kochanska and Thompson 1998，發展心理學家兼研究學者葛琪娜・柯昌絲卡（Grazyna Kochanska）的〕研究顯示，做了一件令自己後悔的事情後，高敏感的兒童傾向於比一般兒童心生更深的罪惡感。這種把過錯怪罪到自己身上的傾向會越來越明顯，很容易被別人所濫用，別人遇到高敏感族很容易得寸進尺。幸好高敏感族可以透過一些方法降低自己的罪惡感。

練習忍受你的罪惡感

感到罪惡，往往無異是害怕受別人懲罰，或害怕面對別人的憤怒。如果我在前言所提到的瑟希兒，與其繼續傾聽她先生永無止盡的抱怨，決定改而對他說，從現在起，她傾聽他抱怨的時間將以每星期一小時為限，直到他找到解決問題的辦法為止，他可能有一陣子會不高興，且想必會對她的拒絕感到生氣。瑟希兒的「入門測驗」就是要她親口對他宣布這件事。終極測驗將是她得忍受她後續的罪惡感，以便能堅守自己所做的決定。

高敏感族經常需要在這方面練習「堅守」或忍受，才能更善於接受自己的罪惡感和羞愧感。

要是你完全沒辦法忍受對某件事情有罪惡感，你很可能會盡一切所能去滿足別人的期望。很多高敏感族就是這樣過生活，並允許自己被利用、隨著別人的「逃避之舞」而起舞。

你可以練習忍受罪惡感，而不是為了打發某件事就立刻做各種可做的事。因為你妥協而去滿足別人的心願時，你將發現，儘管你短期內有時候能讓別人高興，長期下來他們卻無法從中獲益，對於你和他們的友誼也沒有好處。

偶爾能夠忍受別人對我們變得失望，能帶給我們很大的自由。牧師、執業心理治療師兼神學者班特．佛克（Bent Falk, 2010）將罪惡感稱為一種人生中的附加稅額。它是一種我們有時不得不付的代價，付了才能做自己，才能讓我們得以為自己的方向作主，而不是被別人牽著走。

別人對你感到失望時，有時是因為你內心有所察覺，你感受到了自己的情緒，發現自己真正的渴望，才會選擇要採取自己想要的行動，而不是遵循別人的指示。

對瑟希兒或許會有幫助的是，她不妨提醒自己，就算她看得出漢斯因為她的拒絕而心情不好，她所選擇做的事，長期下來對她本身和對他們的感情來說，絕對都是最好的選擇。對漢斯一定也是最好的選擇，只不過他現在很可能仍無法體會。

如果你認為全都是你一個人的責任，你最後可能會很虛脫且筋疲力竭。

避免攬下太多責任的技巧

高敏感族很容易攬下太多責任。因此很重要的是，你在協助別人時，要確保你對其實非你所能控制的事情，別攬下太多責任。你並不能為你所無法控制的事情負責。而要是你無法控制別人的行為，卻要為此人負責，你最後會變得過勞，因而恐怕會過度虛耗你自己的精力，卻沒有任何人真的從中蒙益。

高敏感族看到別人落難時，他們經常覺得自己就像救護車一樣，必須出手搭救並減輕難題。這樣未必總是壞事。但有些事換種方式一樣能進行得很好，而且長期下來有時甚至能進行得更好。

身邊的其他人過得不好，且自己未能出手協助時，非常敏感的人經常很容易立刻把注意力焦點轉移到罪惡感上，也很容易把精力投入焦慮感。如果你屬於這類型的人，以下關於如何能部分轉移這類精力的描述，或許能對你有助益。

請想像一下，如果你身邊的人過得不好，你會怎麼想。假設是你妹妹好了。你可能會這麼想：「噢，慘了，她這下又過得不好了。我以前有試過要幫她，但顯然沒用。真不知道我是哪裡做錯了？」

這種情況下，我建議你把這句話換成以下任何一句：

- 我妹妹需要學習什麼樣的技能，她才能過得更好？
- 她從這次能學到什麼？

如果你很習慣對你妹妹說：「有沒有什麼我能做的，好讓你的痛苦能減輕些？」試試看換成以下任一句話：

- 你能做什麼好讓你自己心情好些？
- 你**願意**做些什麼好讓你自己心情好些？
- 你過去經歷過那麼多難關，我深深相信你這次也一定能想出解決辦法。

別忘了，挑戰可以是絕佳的成長機會。比起一生平步青雲的人，身經百戰而傷痕累累的人往往能培養出更強的成長潛力和更有深度的性格。所以如果你沒能保護你所愛的人，沒能讓他們免於受傷，一想到他們因此可獲得莫大的個人成長機會，你仍可感到安慰。

要是自己身旁有人哭了，有些高敏感族會手忙腳亂，不論什麼東西一概先拋到一旁，包括拋開他們自身的需求。但還有另一種可行的方法，那就是說以下這句話：「好好大哭一場吧，你應該很需要。」

然而，沒有什麼是永遠正確的方法。在別人肚子餓時給他們麵包，可能會讓對方感受到愛。而有時候，這正是對方所需要的，這麼一來他們就有足夠的能量能改變自己的處境了。發現你朋友正在受苦時，你滿滿的愛可能正是他或她此時所需要的，他或她可能這樣才能從瀕臨崩潰中全身而退。愛是我們所知的最強療癒良藥。

只不過，要是使用這種策略使得你經常必須在不方便的時刻連忙趕來，那麼最好還是有所節制，這樣你朋友才能學會播下自己的種子，並採收自己的成果。

為了獲得回報而協助別人

如果你身旁的人實在太氣力耗盡，而無法給你你所想要或需要的事物，那麼不妨試著協助他們。在氣力耗盡家庭中長大的高敏感兒童，長大後會非常隨和且樂於助人，他們會盡自己所能以協助家中恢復元氣。

如果你的伴侶正瀕臨崩潰，那麼不妨暫緩你自己的心願和需求，提供協助給你的伴侶，並給他或她足夠的空間去處理他或她的危機，好讓他們能恢復足夠的精力去分擔這段共同的關係，讓雙方的施與受得以站在平等的基礎上。

問題出在有些高敏感族最後會變成下意識地扮演某一特定角色。他們持續協助並節制自己，有時候甚至沒察覺到自己下意識有多麼希望有朝一日也能輪到他們獲得協助。

要是你發現自己在協助別人的同時，心中其實懷抱著這類期待，那麼最好徹底認清現實。你是否有充足的理由相信你所協助的對象，有朝一日將過得夠好，好到足以能從更平等的立足點，和你分擔你們的這段關係呢？不妨找個認識你也認識對方的人問問看。自己評估自己切身的關係有時候比較困難。

要是你沒有足夠的理由相信事情能有所轉變，那麼死了這條心會比較好。如果你希望彼此間的關係能更平等，你可能要考慮另找對象，找個彼此間施與受的比例更均衡的對象。你也可以維持原來的關係，繼續協助對方，並享受協助對方所帶來的成就感和快樂。如果你提供協助是因為協助本身能為你帶來快樂，而不是因為你期待能得到什麼回報，長期下來你對這段關係的挫折感會少很多。

很多人白白浪費了自己人生中所得到的機會，因為他們執著於某些不切實際的期望，因而無法正確評估自己所面對的情境，也無法採取切合實際的適當行動。如果你很難面對現實，或許能從我的著作《讓心更貼近：關於愛與自我保護》（Come Closer: On Love and Self-protection）（Sand 2017）有很大收穫。

找到堅守立場的勇氣

我相信人人都有責任要忠於自己和勇於感受自己的情緒，並在多元豐富的茫茫人海中堅守自己獨特的立場。你越有能力保有自己的獨特性，對世界的貢獻就越明顯，你也因而成為一個更好的助人者。

我們的內心世界在不同的時候有不同的表達方式。以助人者的角色來說，有時候是以喜悅的方式表達，譬如「真慶幸我不用經歷那種事情。」這是一種完全合情合理的感受。你也可稱之為感恩之情。這是協助別人的好處之一，我們經常被提醒自己**沒有**哪些難題。有些時候，我們則感到疲憊，並渴望請我們所協助的對象多振作一點。感到疲憊且再也不想繼續下去，依然是完全合情合理的。

如果你對自己的內心世界沒有安全感，或對它感到羞愧，你可能會很想要讓別人的內心世界占據你全部的注意力。我經常被問到，如何才能別因為別人的情緒和心情而受到太大影響。很熟悉自己的情緒和感受，並擁有深厚的自我支持感，能讓你更容易和自己保持聯繫，同時又能和別人保持一定的交流。你和自己核心的聯繫越深厚，別人表達他們自己時，你就越不容易變得負荷過重。

照顧你自己

很重要的是也要有人能傾聽你。如果你花很多時間傾聽別人談論他們不順遂的事，那麼你尤其需要一個發洩自己不順遂的事的地方，你要能夠發洩傾聽別人心事後你自己心中自然而然會衍生的一些想法和擔憂。

也許你是位專業助人者，因而能從你的工作場所獲得足夠的監督。如果你是在協助親朋好友，沒有能提供你情感支持的工作場所，那麼你可能必須自己找一個類似這樣的地方。比方說，你可以定期去找心理治療師或心理師。你也可以找個團體，這團體的成員要能互相傾聽，並互相提供支持。很重要的是你要能有機會分享你身為助人者的經驗，並分享你心目中不但最能協助別人也最能協助你自己的方式。

如果你此刻的狀態是，別人能協助你清楚看出自己身為助人者的角色，那麼你的助人天賦和技能必定能因此而被強化和提升，你將有更多技巧在手，且能更快速判斷你是否該介入某個情境，還是該持保留態度。你將發現你成功率越來越高，你協助別人時不但更得心應手也更能樂在其中。

你協助的所有人當中，排在名單中的第一名應該要是你自己。搭飛機時，安全指示總會告訴你，要先替自己戴上氧氣面罩，然後才替別人戴。身為高敏感族，最重要的任務之一，就是要確保你自己能生活在一個健康的環境裡，你能在這環境裡盡情揮灑自己，而且不會受到過度刺激。而如果你目前只有能力做到這樣，那這樣也很好。

請記得也要把你的同理心天賦用在你自己身上。請練習像感受別人需求那樣多感受你自己的需求。好好照顧你自己是，也永遠都該是，你優先順序中的第一名。不然你長期下來恐怕會變成別人的難題，因為你可能最後會因而運作不良，或甚至病倒了。

一旦你取得最佳平衡，並付出你能力所及的付出，也學會因此而感覺很好，就算一年只協助別人一個小時，一旦你發現你有能力協助別人盡情揮灑他們自己，你將會感到極大的喜悅和成就感。

總結

高敏感族的一大難題是，他們很容易疲乏，於是忘記要把他們用來協助別人的天賦用在他們自己身上。他們很容易太忙著關注他們所協助的對象，而有時候沒注意到自己已經累了，並發現自己需要一些能讓自己能恢復精力的東西。

如果高敏感族能妥善接受並調適自己的罪惡感，而且若有必要，能妥善克制自己過度的責任感的話，他們不妨提供更多空間給自己。

〔後記〕

這個世界需要樂於助人的人

如果你是個敏感的人，你很有可能需要以有意義的方式和這個世界有所互動，你並不想只滿足你自身的需求而已。有些敏感的人會透過創意或音樂表達自己，並因而在世界上創造出喜悅和深度。有些人則會協助解決實務的難題，還有些人則是深諳協助型對話之道。

我希望在閱讀完這本書後，你能變得更有概念了，且更有勇氣鍛鍊並提升你協助別人的能力，這樣你就能善用手邊既有的資源了。請你盡量慷慨分享你珍貴的技能，因為你會想要協助你有緣所遇到的每一個人，而他們如果能學會協助他們自己，對他們某些人而言或許會是更好的。

我的希望是，使用了本書中的技巧後，你將更能夠在最恰當的時機，練習提供對方所需要的最恰當協助。我也希望你能越來越察覺到，很重要的是要把你的同理心技能運用在你自己身上，並傾聽你身體和心靈的需求，好讓你精力能越持久越好。這個世界需要你的協助呀！

要知道你並不孤獨。世界上還有很多樂於助人的人和其他很好的資源，你並不需要自己當整片海洋，也不需要背負整片海洋。只要一滴水就好。

盡情享受你的投入吧……

[附錄]

寫一封道別信

可以藉由這些問題引導你，也可以寫完全不同的內容。只要是發自內心即可。

- 你所失去的美好事物是什麼？
- 你想為了什麼事說謝謝？
- 這段關係中最不愉快的是什麼？你希望自己能擺脫掉什麼？
- 你原本希望自己從對方身上獲得什麼？
- 你在這段關係中付出了什麼？（譬如「我這樣這樣時，你應該變得更快樂了」或「我那樣那樣時，你的痛苦應該減輕了」。）

- 你原本希望再多付出什麼？
- 你原本希望你們的關係是什麼樣子？
- 你原本希望如今你能和對方一起做些什麼事？
- 你最想念這段關係中的什麼事？
- 你祝願對方什麼事？

致謝

多年來我在許多不同場合，很愉快地聆聽執業心理治療師兼神學者班特·佛克聰穎睿智的話語。

感謝多年來勇敢和我分享你的想法和情緒的每個人——有在教會裡的，有在心理診療室裡的，有在教室裡的，也有在其他地方的。我尤其感謝允許我把你當成例子列舉在本書中的人。

也感謝所有曾讀過這本書的初稿並給過我指教的人。少了和你們一起進行的那些熱烈討論，這本書在示意和表達上便無法如此精確。在此特別想提下列姓名：愛倫·波爾特、瑪吉思·克利斯汀森、馬汀·霍斯楚普、珍妮·瑟西莉·禮果德、克麗絲汀·桑德，和呂克·史彤克。你們各以你們獨特的方式在本書中留下了你們的足跡。

參考書目

- Aron, Elaine: Psychotherapy and the highly sensitive person: improving outcomes for that minority of people who are the majority of clients. Routledge 2010.
- Aron, Elaine: The Highly Sensitive Person in Love: Understanding and managing relationships when the world overwhelms you. Broadway Books 2001.
《敏感元素─用敏感特質塑造成功的人生》（高寶，1999，已絕版）
- Aron, Elaine: The Highly Sensitive Person. Broadway Books 1997.
- Boyce, W.T., Chesny, M., Alkon, A., Tschann, J.M., Adams, S., Chestermann, B.,

Cohen, F., Kaiser, P., Folkmann, S., and Wara, D. (1995). Psychobiologic Reactivity to Stress and Childhood Respiratory Illness: Results of two prospective studies. Psychosomatic Medicine, 57.

- Falk, Bent: Honest Dialogue. Presence, common sense, and boundaries when you want to help someone. Jessica Kingsley Publishers, 2017.
- Buber, Martin: I and Thou. Martino Fine Books 2010.
  《我與你》（香港基督教文藝出版社，1974）
- Cain, Susan: Quiet – The Power of Introverts in a world that can’ t stop talking. Penguin 2013.
  《安靜，就是力量：內向者如何發揮積極的力量！》（遠流，2012）
- Davidsen-Nielsen, Marianne og Nini Leick: Healing Pain: Attachment, Loss, and

Grief Therapy. Routledge, 1991.

- Jaeger, Barrie: Making Work Work for the Highly Sensitive Person. McGraw-Hill books 2004.
  《老是換工作也不是辦法：善用敏感特質，縱橫多元職場》（美商麥格羅・希爾，2004）
- Jung, C.G: Vesuch Einer Darstellung Der Psychoanalytischen Theorie. Rascher & Cie. AG., Zurich 1955.
- Jung, C.G: Psychological Types. Princeton University Press 1976.
- Kagan, Jerome & Snidman, Nancy: The Long Shadow of Temperament. Belknap Press, Harvard University Press 2004.
- Kochanska, G., & Thompson, R.A. (1998). The Emergence and Development of

Conscience in Toodlerhood and Early Childhood. In J. E. Grusec & L. Kuczynski (Eds.). Handbook and Parenting and the Transmission of Values. New York: Wiley.

- Laney, Marti Olsen: The Introvert Advantage: How to Thrive in an Extrovert World. Workman Publishing Company 2002.
  《內向心理學：享受一個人的空間，安靜地發揮影響力，內向者也能在外向的世界嶄露鋒芒！》（漫遊者文化，2012）
- O'toole, Donna: Aarvy Aardvark Finds Hope. Compassion Press, 1988.
- Rosenberg, Marshall B.: Non-violent Communication: A language of life. 2003, Puddledancer Press Yalom, Irvin D: Existential Psychotherapy. Basic Books, 1980.
- Sand, Ilse: Highly Sensitive People in an Insensitive World: How to Create a Happy Life. Jessica Kingsley Publishers, 2016.

- Sand, Ilse: The Emotional Compass: How to Think Better about Your Feelings. Jessica Kingsle Publishers, 2016.
  《高敏感是種天賦：肯定自己的獨特，感受更多、想像更多、創造更多》（三采，2017）
- Yalom, Irvin D: Existential Psychotherapy, 1980.
  《愛的語言：非暴力溝通》（光啟文化，2009）
- Young, Jeffrey E. Young: Cognitive Therapy for Personality Disorders: A Schema-Focused Approach. Professional Resource Exchange In, 1990.

國家圖書館出版品預行編目資料

我就是沒辦法不在乎：鈍感世界中，給高敏感族的人際關係指南 / 伊麗絲‧桑德 (Ilse Sand) 著；梁若瑜 譯 .
-- 初版. -- 臺北市：平安文化, 2018.3
面； 公分. -- (平安叢書；第585種)(Upward；82)
譯自：Tools for Helpful Souls

ISBN 978-986-96077-1-1 （平裝）

1.人格特質 2.心理治療

173.75 107001969

平安叢書第0585種

UPWARD 082

我就是沒辦法不在乎

鈍感世界中，給高敏感族的人際關係指南

Tools for Helpful Souls

作　　者—伊麗絲‧桑德
譯　　者—梁若瑜
發 行 人—平　雲
出版發行—平安文化有限公司
台北市敦化北路120巷50號
電話◎02-27168888
郵撥帳號◎18420815號
皇冠出版社(香港)有限公司
香港銅鑼灣道180號百樂商業中心
19字樓1903室
電話◎2529-1778　傳真◎2527-0904
總 編 輯—許婷婷
美術設計—王瓊瑤
著作完成日期—2014年
初版一刷日期—2018年03月
初版三刷日期—2023年06月
法律顧問—王惠光律師

讀者服務傳真專線◎02-27150507
電腦編號◎425082
ISBN◎978-986-96077-1-1
Printed in Taiwan
本書定價◎新台幣300元/港幣100元